辽宁省教育厅高校学术专著出版基金资助

XBRL YU QIYE JINGJI JUECE XIAOLÜ—LAIZI
SHENZHEN ZHENGQUAN JIAOYISUO DE JINGYAN SHUJU

XBRL与企业经济决策效率：来自深圳证券交易所的经验证据

张艺馨◎著

北京师范大学出版集团
BEIJING NORMAL UNIVERSITY PUBLISHING GROUP
北京师范大学出版社

图书在版编目(CIP)数据

XBRL与企业经济决策效率：来自深圳证券交易所的经验证据/张艺馨著. —北京：北京师范大学出版社，2017.1
ISBN 978-7-303-21021-3

Ⅰ. ①X… Ⅱ. ①张… Ⅲ. ①可扩充语言—应用—企业融资—经济效率②可扩充语言—应用—企业—投资效率③可扩充语言—应用—企业经营管理—经济效率 Ⅳ. ①F270-39

中国版本图书馆CIP数据核字(2016)第172936号

营 销 中 心 电 话 010-58805072 58807651
北师大出版社学术著作与大众读物分社 http://xueda.bnup.com

出版发行：北京师范大学出版社 www.bnup.com
北京市海淀区新街口外大街19号
邮政编码：100875
印 刷：北京中印联印务有限公司
经 销：全国新华书店
开 本：730 mm×980 mm 1/16
印 张：9
字 数：160千字
版 次：2017年1月第1版
印 次：2017年1月第1次印刷
定 价：38.00元

策划编辑：马洪立 责任编辑：戴 轶
美术编辑：王齐云 装帧设计：王齐云
责任校对：陈 民 责任印制：马 洁

目 录

第 1 章
导　论

1.1　研究背景

科学技术的发展与人类文明的进步相辅相成，从以蒸汽机的发明为代表的第一次工业革命到 20 世纪中后期的信息技术革命，每一次科学技术的进步都会引起人类社会生产方式和生活方式的巨大改变。会计是人类社会发展到一定阶段的产物，并随着科技的发展、社会的进步以及经营管理需求的出现而不断更新和完善。由于会计信息系统是会计的重要组成部分，且财务报告是信息系统运行的最终产物，因此，会计的进步在很大程度上体现在会计信息系统的发展及其所生成的财务报告的创新。

以往会计信息系统的发展主要经历了从手工会计信息系统向电算化会计信息系统的转变过程。而随着 20 世纪中后期互联网技术的出现，越来越多的企业选择通过网络披露自己的财务信息，即以互联网技术为基础的网络化信息披露方式逐步形成。然而，已有的电子财务报告主要是 HTML 和 PDF 格式，这两种格式自身存在的缺陷，使它们受到了越来越多的诟病。例如，HTML 文件无法提供兼容的数据格式，增加了数据格式的频繁转换过程；再者，以 HTML、PDF 格式呈报的财务报告仅仅是纸质版财务报告的电子文本，其所包含的信息依然是静态的，使用者同样无法到达更具体的信息节点，对个别信息进行提取和分析，以实现真正意义上的电子数据交换。在这样一个背景下，为更好地发挥会计信息决策有用性的作用，美国注册会计师查尔斯·霍夫曼

(Charles Hoffman)于 1998 年正式提出了可扩展商业报告语言(XBRL，eXtensible Business Reporting Language)。这一财务报送语言的应用引起了决策理念的深刻变革。首先，在以往的决策模式下，决策者属于会计信息的被动接受方，只能获取满足大众需求的通用的会计信息，无法根据自身的需求对所需的会计信息进行主动的选择。而 XBRL 数据格式的可扩展性使得信息提供者可按照使用者的需求，对通用的财务报告进行扩展，以提供给使用者所需的特定信息。这一做法扭转了使用者在信息获取过程中的被动地位，满足了会计信息决策有用性的要求。其次，XBRL 统一了数据格式，实现了会计信息在企业内部，以及企业与外部信息使用者之间的无缝对接，避免了以往复杂的数据格式转换过程，提高了会计信息的周转速度和准确程度。最后，在以往的信息处理过程中，为完成对信息的对比分析，使用者需要对各数据进行手工的查阅和提取。XBRL 标准下统一的数据格式实现了会计信息的自动搜索和获取，其相关应用程序的应用使得使用者可直接通过软件对各公司的数据进行横向和纵向的比较。由此可见，XBRL 从信息的生成、传递、披露和获取等方面颠覆了以往会计信息系统的运作方式，改善了会计信息质量和信息披露水平。它的应用不仅能够提高外部信息使用者对企业经营状况和管理层行为的了解程度，还能够实现企业内部资源和信息的集中管理和控制。

基于上述优势和特点，XBRL 自诞生至今，已引起了世界范围内的广泛关注。从 2003 年开始，中国、美国、西班牙、韩国、新加坡、以色列、比利时、卢森堡、印度、日本、智利、德国和丹麦等国相继启动了 XBRL 格式数据自愿性或强制性报送程序。截至 2013 年 8 月，XBRL 国际组织已拥有了包括上市公司、私营企业、政府机构和准则制定机构在内的 600 多个会员组织。此外，从 2001 年年初开始，XBRL 国际组织每年定期举办 2～3 次国际会议，以总结 XBRL 推广过程中存在的问题，商讨 XBRL 应用的相关事宜，其与会者也逐渐由欧美国家扩大到越来越多的亚洲国家。我国上海证券交易所和深圳证券交易所于 2002 年开始了对 XBRL 的学习和应用，并从 2003 年年报披露期间逐步展开了对财务报告摘要、季度报告、中期报告和年报 XBRL 实例文档的试点和正式采用工作。2005 年 2 月，深圳证券交易所在其网站上首次披露了参加试点的“深证成分股指数”样本公司 XBRL 年报实例文档，成为全球首家将 XBRL 技术应用于信息披露实践工作的证券交易所。四年后，即 2009 年年初，深圳证券交易所和上海证券交易所分别在其网站上实现了全部上市公司 XBRL 年报实例文档的对外披露，标志着我国两大证券交易所已全面采用

XBRL财务报送方式。

XBRL在实务领域的逐步推广和使用也引起了理论界对这一问题的持续关注。现有文献分别研究了XBRL的推广、XBRL分类标准、XBRL与审计以及XBRL对资本市场的影响。然而，因为对XBRL的研究属于新兴课题，所以有关的研究还不够深入，绝大部分已有文献仍处于对其基本问题的描述和介绍阶段，较少有文献从企业这一XBRL应用主体出发，分析XBRL的采用对其经济后果的影响(仅有的一些文献也主要集中在对企业所提供的信息质量及其信息编制成本的影响)。此外，信息为决策而服务，其目的是为使用者提供反映受托责任及对决策有用的信息。XBRL作为一种提高信息质量和改善信息环境的手段，针对其在决策中的导向作用的研究，能更好地反映XBRL的作用效果。然而，已有文献还尚未从公司层面出发，研究XBRL对企业各经济决策效率的影响。从理论层面来讲，对于融资决策，XBRL的应用可以帮助外部出资者更好地评估企业的经营状况和风险水平，通过降低信息不对称水平和出资人所要求的报酬率来提高企业的融资效率。对于投资决策和经营决策，一方面，XBRL的应用可通过提高信息的透明程度，来加强内、外部治理机制对管理层行为的监督和约束作用，从而确保其决策的合理性和有效性；另一方面，XBRL模式下统一的数据格式和电子化的数据传递流程，能够加强企业内部信息和资源的集中管理和控制，以帮助管理层进行投资决策和经营决策。

因此，基于以上理论和现实背景，本书从公司层面展开研究，关注XBRL对企业决策效率的影响，试图通过分析深圳证券交易所上市公司自应用XBRL后融资效率、投资效率和经营效率的变化趋势，来丰富对XBRL经济后果的研究。特别是，作为全球首批对XBRL技术开展实践工作的国家，我国关于XBRL经济后果的研究更是凤毛麟角。因此，结合中国的制度背景，针对XBRL在中国的作用效果展开实证研究，可以丰富XBRL领域的相关文献，并为XBRL在不同地区的应用提供一定的参考。

1.2 研究目标与研究意义

1.2.1 研究目标

企业的生存和发展是由一系列决策组合而成的。为提高企业的决策效率，一方面，在决策有用观的框架下，应加强会计信息的质量以提高信息的决策有用性。另一方面，企业内部管理层与所有者之间的关系，以及企业与外部资金提供者之间的关系是企业两类重要的契约关系。在信息不对称的框架下，应提高会计信息的质量以缓解潜在的道德风险和逆向选择问题，从而提高企业各经济决策的效率。

自诞生以来，作为一种新型的财务信息生成和报送方式，XBRL 标准的主要作用在于提高会计信息的质量(如相关性、可靠性、准确性、可比性等)，以帮助信息使用者更加合理和高效地利用信息进行决策。在财政部、审计署等政府机构以及上海证券交易所和深圳证券交易所的共同努力下，我国于 21 世纪初引入 XBRL 标准，并经过前期的局部试点，于 2008 年年报披露期间全面展开应用。因此，从整体上来说，本书的研究目标是从财务会计目标的决策有用观和信息不对称两个视角出发，利用深圳证券交易所上市公司的数据，从公司层面考察 XBRL 对企业融资效率、投资效率和经营效率的影响，以得到 XBRL 在我国应用效果的相关证据，并为未来如何更好地发挥 XBRL 的作用提供一定的参考。具体来说，本书试图通过理论研究和实证分析达到如下几个目标：

第一，在梳理了已有关于 XBRL 的推广、XBRL 分类标准、XBRL 对资本市场和审计工作的影响等国内外相关文献后，本书发现现有文献主要从 XBRL 本身出发，介绍这一新技术的概念、内容，以及其对资本市场中会计信息质量和其他参与者(如分析师)的作用效果。XBRL 应用的本质是对会计信息系统运作模式和企业决策方式的改变，然而，尚未有文献从公司层面出发，关注 XBRL 对企业决策的影响。因此，本书从会计信息的决策有用性和信息不对称两个角度出发，分析 XBRL 对企业各经济决策效率的影响，能够在一定程度上弥补已有文献的不足。

第二，根据 XBRL 自身的特点以及已有文献的分析可以得出，XBRL 的应用能够提高会计信息质量。进一步地，从会计信息的决策有用性方面来看，高质量的会计信息能够为管理层更全面地描绘企业的经营状况，使他们更好地进行营运资本管理工作；能够帮助管理层识别较好的投资机会，分析和评估未来的投资回报和风险水平。而从信息不对称方面来看，高质量的会计信息能够更好地发挥其在缓解企业管理层与所有者之间，以及企业与外部资金提供者之间道德风险和逆向选择问题上的作用，通过提高外部信息使用者对企业经营状况和管理层行为的了解程度，来帮助企业达到最优的决策效果。因此，本书从上述理论分析出发，考察 XBRL 这一新型财务信息生成和报送方式对企业各项经济决策(融资决策、投资决策和经营决策)的导向作用，以为上述理论分析寻找经验证据。

第三，在实证结果的基础上总结出全书的结论，指出研究中存在的问题和局限，并为未来可能的研究方向提出进一步的展望。

以上研究目标的实现是一个在理论上和逻辑上相互并列而又连贯统一的过程，可以帮助我们更好地理解 XBRL 的内涵，了解和掌握它在决策制定过程中的作用效果以及在我国的适用程度，为未来更好地实施 XBRL 技术提供更多的参考。

1.2.2　研究意义

本书基于决策有用观和信息不对称两个视角，从公司自身层面出发，研究了 XBRL 对企业决策效率的导向作用，丰富了现有关于 XBRL 技术的相关文献，为评价其在决策时所表现出的优越性和导向性提供了新的经验证据。本书的研究样本来自深圳证券交易所的上市公司。为保证结果的稳健性，本书在稳健性检验中控制了样本中可能存在的样本选择性偏差这一内生性问题。本书的研究主要具有下述理论意义和现实意义。

1. 理论意义

首先，本书的研究有利于加强对 XBRL 的认识。绝大多数以往的研究只是简单地从 XBRL 本身出发，介绍这一新技术的概念、内容框架以及推广和使用情况。而 XBRL 的本质是对会计信息系统的变革，其最大的贡献在于对决策过程中信息处理方式的改变。因此，从 XBRL 的应用主体出发，研究 XBRL 对企业各项经济决策效率的影响，有助于加深我们对 XBRL 应用效果的认识和理解，从而为在上市公司中更好地推广 XBRL 技术、更全面地发挥其作用效果提供更具价值的参考信息。

其次，本书的研究有利于加深对决策有用性目标的理解。决策有用性是财务会计的重要目标。作为一种新型的信息生成和报送方式，通过对 XBRL 决策导向作用的研究，有利于更好地了解在信息环境下，如何利用计算机技术来实现信息的决策有用这一会计目标。

2. 现实意义

首先，本书的研究有助于完善企业的决策模式，提高企业的决策效率。企业的生存和发展由无数个经济决策组成，决策的效率直接关系着企业的价值。通过研究新型财务信息生成和报送技术对各类经济决策的导向作用，能够为企业提高决策效率提供新的解决途径，并最终达到提升企业价值的效果。

其次，XBRL技术自1998年诞生以来，仍处于发展和完善的初始阶段。作为全球最为重要的新兴经济体之一，也是世界范围内最早推广和应用XBRL技术的国家之一，中国在实施XBRL财务报送系统过程中所取得的成绩以及存在的问题，能够为XBRL技术的进一步研究、完善和实施提供有价值的参考信息。

再次，XBRL技术在我国的应用是财政部等政府部门、证券交易所以及上市公司共同努力的结果。合理的政策导向以及恰当的实施过程，能够最大化这一新技术的作用效果。本书的研究能够为财政部、证监会和证券交易所评价XBRL在我国的应用效果提供经验证据，为在未来期间调整XBRL的推广和应用计划，以更好地发挥其对上市公司的作用提供信息支持。

最后，本书的研究为企业如何控制融资成本、提高投资水平和日常营运资本管理水平提供了新的经验证据。

1.3 概念界定

1.3.1 融资效率

融资活动是企业财务活动的起点。企业主要通过股权融资和债务融资的方式，从资本市场中的潜在投资者和银行等金融机构那里筹措所需的资金，以满足企业日常的生产经营以及投资、扩张的需要。由于学术界对融资活动效率的度量并未达成统一的意见，因此，本书主要从债务融资成本和股权融资成本的角度对融资效率进行度量。在信息不对称的环境下，出资者通过提高出资价格来保障自己的资金安全，这就使得企业的融资成本相应地提高。其中，债务融资成本通常是指企业为银行等金融机构(债权人)支付的利息费用，而股权融资成本则是指企业在出售其股票时为投资者提供的折扣(汪炜、蒋高峰，2004)。

1.3.2 投资效率

投资活动是指企业投出资金的行为，它是企业发展和壮大的主要手段。投资活动有广义和狭义之分。广义的投资活动包括对外投资和对内投资两种。其中，对外投资是指购买股票、债券等金融性资产、与其他公司联营，或投资于其他外部项目；对内投资是指购买固定资产、无形资产等直接用于生产经营活动的行为。本书主要关注的是企业的对内投资行为，该项投资活动的效率是指企业的实际投资额与最优投资额之间的偏离程度。若实际投资额高于最优投资额，则发生过度投资现象；若实际投资额低于最优投资额，则发生投资不足现象。投资过度和投资不足都是投资效率低下的表现。

1.3.3 经营效率

那些为企业日常生产经营活动而发生的一系列与资金收支有关的行为，被称作企业的经营活动，其中包括为进行生产而购买原材料所支付的资金、为员工支付的薪金和其他营业费用，以及出售商品所赚取的销售收入等。一个企业生存与发展的关键，在很大程度上取决于其所能产生的现金流量的多少。营运资本是企业日常生产经营活动的基础，其管理效率的高低直接关系着企业的经营状况。因此，本书所涉及的企业经营效率，实质上是对营运资本管理效率的关注。有效的经营活动是指对营运资本进行合理的管理，在控制企业财务风险的情况下，努力提高营运资金的周转速度，以期在有限的资金水平上为企业赢得更多的收益，从而提高整个企业的价值水平。

融资活动、投资活动和经营活动是企业经济活动的有机组成部分，三者相互关联、相互作用，共同贯穿于企业整个生产经营过程中，为其他活动(如生产活动、人力资源开发活动)提供资金上的支持。同时，融资活动、投资活动和经营活动是企业现金流的主要来源，其产生的现金流量也是企业现金流量表的重要组成部分。一个企业现金流量的多少决定着它存续期间的长短、发展壮大的潜力，以及其在行业中的竞争优势。因此，企业需努力提高融资、投资和经营活动的效率，以为其长久生存和发展提供保障。想要提高企业的融资、投资和经营效率，就必须依靠高质量的、对决策有用的会计信息，通过合理的融资、投资和经营决策来实现。

1.3.4 XBRL

XBRL 的全称为可扩展商业报告语言，是可扩展标记语言(XML)在财务报告领域的应用。自 1998 年问世以来，XBRL 已在全球多个国家和地区展开了应用。它是世界范围内第一款专为财务信息的生成、编报和披露而设计的计算机语言。通过这种语言生成的电子财务报告，能够为财务报告供应链上的每个参与者带来最大化的利益。

到目前为止，对 XBRL 还没有一个统一的界定，但不同组织、不同研究者，都从不同角度对 XBRL 进行了描述。从商业角度来说，XBRL 是一种国际标准，通过它能够实现财务报表数据及时、准确、开放且不为任何操作平台所限制的处理和交换(伯杰伦，2004)。从技术角度来说，XBRL 由应用于财务报告领域的 XML 中心语言所构成，包括元素和属性两个部分；这一语言定义了财务报告中的元素、元素的分类方法以及各元素之间的关系(张天西等，2006)。从具体应用部门来讲，上海证券交易所认为，XBRL 是迄今为止应用于财务报告领域的最新技术和手段，它的使用不仅能够实现上市公司财务信息在证券业内部以及证券业同其他行业间的信息共享，还能够规范上市公司信息披露行为，推动我国证券行业健康、有序发展。① 深圳证券交易所同样肯定了 XBRL 在财务报告领域的领先地位，并将 XBRL 视为信息技术和财务报告的综合体，通过它来实现商业数据的自动获取和处理。作为一个全球性的机构，XBRL 国际组织为 XBRL 提供了一个较全面的定义。XBRL 是一种用于商业信息电子交换，为信息的编制、分析和交流提供帮助的语言，它为每一个信息参与者都提供了准确、可靠、高效以及符合成本效益原则的商业信息。② 在此，本书也给出了对 XBRL 的界定：XBRL 的本质是一个国际通用的规范，表现形式是一串串计算机代码，内容是一整套财务信息，计算机通过对这种计算机代码的读写来实现财务信息的编制和应用。

1.4 研究内容与结构框架

会计信息系统是企业管理信息系统的重要组成部分，而会计信息又是这一系统的最终产物。一方面，财务会计理论中已明确指出，会计信息的主要作用是为使用者提供决策支持；另一方面，基于资本市场中信息不对称的存在，作为决策的主要依据，会计信息的应用有助于缓解决策过程中的道德风险和逆向选择问题，加强内、外部治理机制对管理层行为的监督和约束，从而提高管理层的决策效率。由此可见，会计信息是现代企业各项决策的核心工具，高质量的会计信息有助于提高管理层的决策效率，实现企业价值的持续增长。

XBRL 是一种新型的财务信息生成和报送方式，其核心思想是通过标准化的数据格式以及电子化的业务流程，全面改善会计信息质量，提高信息的获取和使用效率。因此，本书致力于研究 XBRL 的决策导向作用。作为首个尝试

① 资料来源：http://www. sse. com. cn/aboutus/hotandd/ssenews/c/c_20121024_50634. shtml。

② 资料来源：http://www. xbrl. org/GettingStarted。

推广和采用XBRL财务报送系统的证券交易所，深圳证券交易所对“深证成分股指数”样本公司展开试点，要求以上公司在2004年年报披露期间报送其年报的XBRL实例文档；四年后，即2008年年报披露期间，深圳证券交易所正式采用XBRL技术，要求其所有上市公司披露年报的XBRL实例文档。基于此，本书以深圳证券交易所上市公司为研究对象，检验XBRL财务报送系统的应用对其融资效率、投资效率和经营效率的影响。

本书共分8章，各章的主要内容如下：

第1章是本书的导论部分。这一部分主要介绍了本书的研究背景、研究目标与研究意义，界定了相关的概念，并提出了本书的结构框架、研究方法、研究创新与贡献。

第2章是文献综述部分。在这一部分中，回顾了国内外关于XBRL的相关文献，总结了这些文献的贡献、存在的问题，指出了未来可能的研究方向，并以此为基础，提出了对本书切入点的思考。

第3章是会计信息系统的沿革与发展。XBRL的本质是对会计信息系统的变革。这一章主要介绍了从手工会计信息系统到电算化会计信息系统，再到XBRL的发展历程，并强调了XBRL模式对企业会计信息质量和信息披露水平的提升作用。

第4章是本书的理论基础与制度背景分析。首先，本章从财务会计目标出发，介绍了受托责任观和决策有用观的发展历程，并指出“对决策有用”是会计信息的最终目的。在此基础上，本章将XBRL与企业管理层的决策过程相联系，详细阐述了XBRL在各决策阶段和过程中的用途和贡献。其次，本章从资本市场中普遍存在的信息不对称出发，对企业融资决策、投资决策和经营决策中因信息不对称所导致的道德风险和逆向选择问题进行了理论分析，并在此基础上指出XBRL的应用有助于缓解信息不对称程度，提高信息使用者对管理层行为的了解程度和监管水平，从而帮助企业提高决策效率。最后，本章介绍了XBRL自诞生以来在国内外发展的相关制度背景。

第5章至第7章是本书的实证部分，分别用于研究XBRL对深圳证券交易所上市公司融资决策、投资决策和经营决策的导向作用。具体来说，第5章将融资效率细分为债务融资效率和股权融资效率，通过选取测试组和控制组的方法，检验了XBRL对上市公司融资效率的影响；第6章通过选取测试组和控制组的方法，采用两种投资效率度量指标，研究了XBRL对深圳证券交易所上市公司投资效率的影响；第7章同样采用区分测试组和控制组的方法，检验

XBRL 对企业营运资本周转速度的影响，以研究 XBRL 对企业经营决策效率的导向作用。

第 8 章是结论部分，主要概括了本书的研究结论，提出了政策建议，并在此基础上指出了本书研究的局限性以及未来可能的研究方向。

本书的结构框架图如图 1-1 所示。

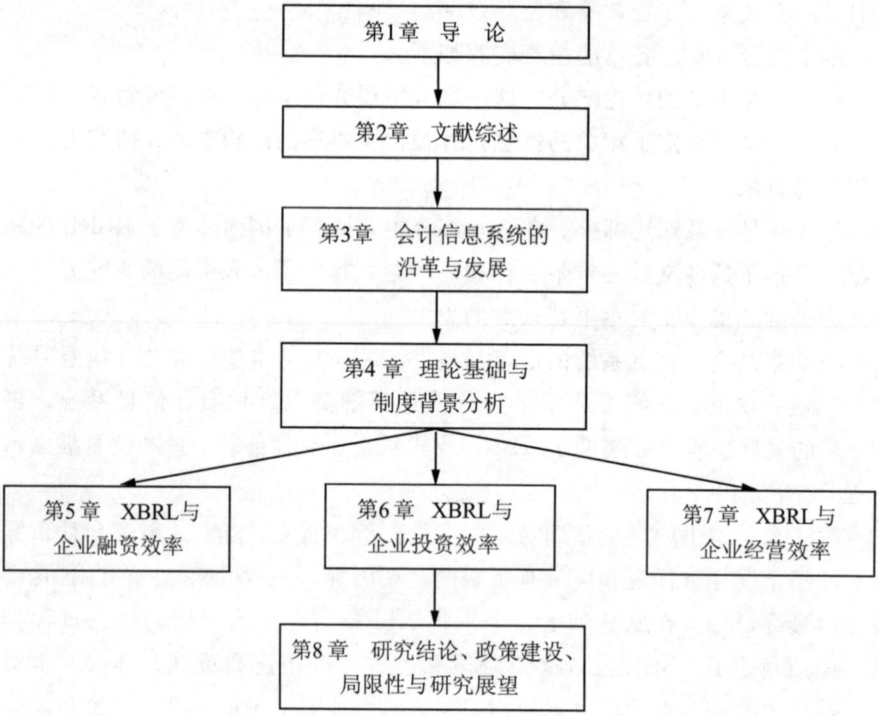

图 1-1　本书结构框架图

1.5　研究方法

本书基于 XBRL 在我国的引入和发展，以 XBRL 这一新型财务信息生成和报送方式对上市公司融资活动、投资活动和经营活动效率的导向作用作为研究内容，属于对经济后果的实证研究范畴。为完成研究目标，本书主要采用了以下三种研究方法：

第一种是文献分析法。本书采用文献分析法梳理并归类了现有针对 XBRL 技术的相关文献，在对以上文献的贡献和不足之处进行总结的基础上，指出了尚未涉及的研究领域，并引出了本书的研究方向。

第二种是定性分析法。在上述文献整理的基础上，本书采用定性分析的方法阐述了 XBRL 影响企业决策效率的途径和机理，进而更加明确地提出了本书所要研究的问题。

第三种是实证分析法。这一方法是学术研究的主要方法之一，也是本书为完成研究目标、解决研究问题所采用的重要方法。在实证研究设计方面，首先，本书对所要研究的问题进行了简要的理论分析和相关的文献综述，并在此基础上提出了研究假设。其次，本书通过设置测试组和控制组，采用多元回归的方法，对相关数据进行统计检验，得出了相应的数据结果，并将这一结果与研究假设相比较，通过对研究假设与实际结果一致与否的判断和分析得出本书的研究结论。

1.6　研究创新与贡献

与以往的文献相比，本书的创新与贡献主要体现在如下几个方面：

首先，本书为 XBRL 在公司层面的应用效果研究提供了直接的经验证据。已有文献主要集中于对 XBRL 技术及其推广、实施和作用等相关问题的描述性介绍。XBRL 不仅仅是一个工具，其本质是对企业会计信息系统和决策模式的变革，深层目标是通过对会计信息生成和获取方式的改变，以实现对企业价值的提升和改善。然而，尚未有文献从公司层面出发，研究 XBRL 的应用对企业活动的决策导向作用。因此，本书将对 XBRL 的研究引入实际应用层面，构建了基于决策有用观和信息不对称视角的理论框架，并从以上两个视角出发，分析了该技术的决策导向作用。本书的研究弥补了 XBRL 在企业决策制定方面研究的不足，为这一新技术在企业决策过程中的作用及其对组织绩效的影响提供了直接的经验证据。

其次，本书丰富了 XBRL 在中国资本市场的相关研究。具体来说，现有文献以研究 XBRL 在美国资本市场上的应用为主。作为全球首个强制性应用 XBRL 报送标准的国家，也是世界上非常重要的新兴经济体国家，我国针对 XBRL 的研究，特别是实证研究还相对缺乏。本书以深圳证券交易所上市公司为研究样本，通过对比参加试点企业和未参加试点企业在 XBRL 实施后融资效率、投资效率和经营效率的变化，考察了现阶段 XBRL 作用的发挥情况，为评价该技术在我国的实施效果提供了经验证据，也为衡量其在新兴资本市场中的推广和应用情况提供了一定的参考。

再次，本书以深圳证券交易所上市公司为对象进行研究，有助于该交易所了解和监管XBRL技术的应用情况，并及时对应用过程中存在的问题进行修正。此外，深圳证券交易所采取“从局部试点到全面采用”的方式对XBRL技术进行推广，本书的研究能够为评价该种推广模式的有效性提供相关的证据，也能够为未来采用何种方式在其他类型公司(如非上市公司)中推广XBRL技术提供一定的参考。

最后，本书的研究还为在信息技术环境下，如何利用会计信息以提高企业融资决策、投资决策和经营决策效率提供了相应的启示。

第2章
文献综述

自1998年诞生以来，XBRL标准财务报告已得到了世界范围内不同国家和地区的广泛关注。随着1999年第一篇关于XBRL文献的刊发，针对XBRL的研究已走过了十几个年头。研究内容也从最初的以介绍XBRL技术本身为主，延伸至其对资本市场和其他相关方面的影响。本章从XBRL的推广问题研究、XBRL对资本市场的影响、XBRL分类标准的研究以及XBRL对审计的影响研究四个方面，回顾和梳理已有关于XBRL财务报送系统的国外文献和国内文献，并对这些文献进行相应的评价和总结，以期为本书的研究提供指导和借鉴作用。

2.1　XBRL的推广问题研究

在这一部分文献中，国内外学者主要对企业采用XBRL的动机、公司特征与XBRL自愿披露决策，以及影响XBRL推广的因素进行了研究。

2.1.1　企业采用XBRL的动机

美国证监会(SEC)于2005年年初发布了一项关于企业实施XBRL财务报送系统的自愿披露计划(Voluntary Filing Program)，即鼓励在SEC注册的上市公司，采用XBRL格式数据报送其2004年年报信息。因此，学者主要对美国企业自愿采用XBRL的动机问题进行了研究。

Debreceny and Gray(2001)首先提出，一些外部因素可能会成为企业自愿采用XBRL格式进行报送的原因。例如，银行承诺为应用XBRL的公司提供较低利率的贷款；分析师甚至是资本市场会更看好此类公司的未来表现，从而降低它们的资本成本。Choi et al. (2008)在对五家参与自愿披露计划的公司管理层进行访问后发现，争当行业和市场的领先者、为自身赢得在创建所属行业分类标准时的话语权，促使以上公司主动采用XBRL格式进行信息披露。同时，受访者还承认企业可借助这一机会检验XBRL与其内部会计信息系统的兼容程度，并通过向SEC的反馈获得有针对性的指导意见。Bonson et al. (2009a)采用专家打分法再次对北美公司自愿采用XBRL报送方式的动机进行了研究。通过对58位来自理论界和实务界的XBRL专家进行两轮问卷调查，他们指出"加深对XBRL技术的了解以享用其带来的全部好处"是公司采用XBRL的最根本动机，其次的动机还包括"创建作为科技先行者的公司形象"，以及"提高其在资本市场中的声誉和地位"等。Pinsker and Li(2008)将研究对象增加至加拿大、德国和南非，通过对以上国家公司管理层的电话及邮件采访得出，管理层希望通过抢先应用XBRL来获得先发优势，使其公司从行业内的竞争者中脱颖而出，占据市场中"革新者"的地位。此外，一些内部原因，如利用XBRL与同行业企业进行比较分析，以提高企业的内部管理效率，也是促使企业实施XBRL报送系统的关键要素(Janvrin and No, 2012)。

2.1.2 公司特征与XBRL自愿披露决策

还有一部分学者研究了公司特征对企业自愿披露XBRL格式报告决策的影响。

Premuroso and Bhattacharya(2008)采用统计检验的方法，对截至2007年5月底的20家自愿采用XBRL报送系统的美国上市公司进行分析，得出公司治理水平较高、规模较大和业绩表现较好的公司，更愿意提前采用XBRL格式的报告，并将自愿性披露行为看成是一种信号，以告知投资者其较好的信息透明程度。Tan and Shon(2009)通过对2005年至2008年自愿采用XBRL数据格式进行信息披露的74家美国公司的389份XBRL文档进行调查，得到了与Premuroso and Bhattacharya(2008)相同的结论。与此同时，他们还发现，这些自愿实施XBRL报送系统的公司会更容易得到分析师的关注，其股票交易量也较其他公司有所增加。除了企业规模和经营业绩的影响以外，那些内部风险水平较高的企业也会主动选择披露XBRL格式数据，并将其作为一种督促企业提高公司治理水平的外在机制(Callaghan and Nehmer, 2009)。Efendi et al.

(2011)发现，从2005年到2008年，尽管自愿披露XBRL报告的美国上市公司的比例较低，但XBRL报告数目却呈现逐年上升趋势(已从2005年的22份上升到2008年上半年的112份)，且花费在编制XBRL报告的时间也从2005年的136天下降为2008年的60天。同时，研究者还发现，对研发工作的重视程度也是影响企业自愿进行XBRL数据披露的重要因素。Ragothaman(2012)则从代理理论、创新推广理论、制度变迁理论和契约成本理论出发，采用逻辑回归的方法，研究了公司特征对是否参与自愿披露计划决策的影响。除了再次证明了Premuroso and Bhattacharya(2008)、Tan and Shon(2009)的结论外，Ragothaman(2012)还发现成长机会较多或由四大会计师事务所审计的公司更倾向于自愿披露XBRL格式数据；反之，政治成本较多的企业则不会主动采用XBRL报送系统。

何玉和张天西(2005)以XBRL在我国的逐步引入和发展为背景，依据网络财务报告决定模型，从股权结构特征、公司治理特征、审计特征、行业特征、公司规模特征和业绩特征六个方面，研究了公司特征对我国上市公司自愿披露网络财务报告行为的影响。其结果表明，公司规模、行业类型、管理层持股比例以及审计师和审计报告的类型决定着公司的信息披露计划。黄长胤和张天西(2011)在我国财政部2010年颁布的XBRL通用分类标准的框架下，按照人工查找和逐一判定的方式，从抽样得到的341家样本公司的64项财务报告附注中筛选出企业自愿扩展的元素，以研究我国上市公司自愿性信息披露行为。通过实证检验，作者得出我国资本市场中的自愿性信息披露随着行业特点的不同而存在一定的差异。具体来说，在竞争较为激烈、科技含量和透明程度较高的行业中，企业更倾向于选择自愿性信息披露，以缓解资本市场中的信息不对称程度。黄长胤和吴忠生(2011)进一步发现公司规模越大、负债程度越高以及代理成本越小的企业，越有可能自愿披露更多信息。

2.1.3 影响XBRL推广的因素

一项新技术的推广和应用是一个既复杂又困难的过程，它不仅取决于该技术自身的优势，还取决于技术实施的难易程度、与组织已有架构的协调程度、使用者对新技术的认知水平，以及其他影响着新技术实施和发展的相关因素。自1998年诞生以来，关于XBRL的推广这一问题引来不同国家学者的广泛关注，也因此产生了大量有价值的文献。本书以国家(地区)为分类标准，分别从美国、澳大利亚、新西兰、欧洲地区、非洲地区和中国六个方面，梳理关于影响 XBRL 推广和应用的相关文献。

1. 美国

Hunton et al.(2003)基于 XBRL 技术自身特点，从信息经济学中成本效益原则出发，分析了实时报告(如 XBRL)得以应用的原因。他指出，实时报告的推广能够为使用者提供及时的信息，从而降低了资本市场中的股价波动、交易溢价、资本成本和信息风险。而实时报告所需的支出主要是集中在先进电子设施的开发及其使用成本，而在这些设施正常有效运转后，发布实时报告所带来的增量成本则会变得微乎其微。Henderson et al.(2012)在 TOE(Technological-Organizational-Environmental)框架下，通过偏最小二乘法得出 XBRL 在企业内部采用和跨组织间采用的影响因素存在明显的不同。具体来说，技术原因(如 XBRL 自身的优势、复杂程度以及与企业现有组织架构的兼容情况)影响着 XBRL 在企业内部的采用情况；而环境因素(如 XBRL 专业组织、外部审计师)影响着 XBRL 在企业间的实施情况。

XBRL 作为一种新型的财务信息生成和报送方式，其应用和推广程度，不仅取决于自身的技术特点，还取决于信息供应链中各参与者的态度。因此，Pinsker(2007，2008)从信息提供者(企业管理层)的角度研究了这一问题。Pinsker(2007)主要关注影响信息技术采用的两大模型：技术接受模型(Technology Acceptance Model，TAM)和吸收能力模型(Absorptive Capacity Model)。TAM 描述了个体对信息技术有用性的判断以及对这一技术的偏好与技术采用与否之间的关系(Davis，1993)，而吸收能力模型是指企业对新知识的吸收、掌握和应用能力(Cohen and Levinthal，1990)。Pinsker(2007)依据以上两个模型提出三个假设：在 TAM 框架下，管理层对 XBRL 有用性的认知程度越高，越倾向于采用 XBRL；管理层对 XBRL 的偏好程度越高，越倾向于采用 XBRL；在吸收能力模型下，企业的吸收能力越强，越倾向于采用 XBRL。Pinsker(2008)以 MBA 学生和美国公司中对 XBRL 没有任何了解的中层管理人员为样本，通过调查法对 Pinsker(2007)提出的理论假设进行了经验数据方面的检验，并得出两个模型都可用来解释 XBRL 的应用情况，即 XBRL 技术的有用程度、管理层的偏好水平以及企业对新技术的吸收能力，共同影响了 XBRL 的应用和普及。Janvrin and No(2012)以美国资本市场中 XBRL 早期采用者为研究对象，从管理层的支持与参与程度、XBRL 实施方法(是否外包)、筹备过程以及在 XBRL 实施过程中的管控四个角度，采用实地访谈法研究了 XBRL 的初期应用情况，并指出未来各监管部门或企业可通过增强高层管理人员的参与程度、为企业提供更多的资金和技术支持等方式来促进 XBRL 更好地推广和普及。

除了信息提供者以外，还有一部分研究者从信息供应链中使用者的角度研究了 XBRL 在美国资本市场中的应用和推广问题。Pinsker(2003)通过调查研究后发现，XBRL 尚未引起会计人员的广泛关注。其原因可能是到目前为止，关于 XBRL 系统的理论研究和学术成果较少，因此会计人员还没有很好地掌握与之相关的知识和技巧。Locke and Lowe(2007)则将 XBRL 视为一种开放源码数据标准，从参与者的动机、组织架构和扩散过程三个方面分析了影响 XBRL 推广的原因。他们发现，监管机构是推动 XBRL 扩散的主要力量；同时，如何降低信息使用者所需的 XBRL 相关软件的成本，是影响 XBRL 在信息使用者间推广和扩散的主要因素。而即使在政府要求强制性采用的情况下，XBRL 专业机构(如 XBRL 国际组织、XBRL US)也可通过为 XBRL 相关软件的应用提供培训等方式，推动该技术的进一步应用和发展(Henderson et al., 2011)。

Pinsker and Wheeler(2009)在已有研究的基础上，从非专业投资者的角度出发，研究了资本市场中信息使用者的态度对 XBRL 应用和推广的影响。他们通过对 64 位来自美国公立大学 MBA 学生(非专业投资者)的调查发现，XBRL 的推广得到了这些非专业投资者的支持，这些投资者认为这种统一格式的信息会加强财务报表使用的效率和效果。Janvrin et al. (2013)通过实验研究法，根据非专业投资者在 XBRL 格式报告、PDF 文件和电子数据表中所做的互斥选择(Exclusive Choice)，得出了与 Pinsker and Wheeler(2009)相同的结论，即由于 XBRL 有助于提高工作效率，大部分非专业投资者选择 XBRL 格式数据进行财务分析工作。

2. 澳大利亚

Troshani and Rao(2007)采用汇总访谈法(Convergent Interviews Technique)对 XBRL 在澳大利亚的采用情况进行研究，得出政府的强制性要求，以及开展有关 XBRL 的培训会促进 XBRL 在澳大利亚的推广；而 XBRL 技术规范的不稳定性是阻碍其实施的重要原因。Troshani and Doolin(2007)从利益相关者理论和社会网络理论出发，采用半结构化面试(Semi-structured Interviews)的方法，扩展了 Troshani and Rao(2007)的结论。他们指出，与 XBRL 实施休戚相关的利益相关者(如会计师事务所、XBRL 相关组织和政府机构)并没有为 XBRL 在澳大利亚的推广起到明显的推动作用，各利益相关者之间也没有很好的合作。其原因除了 XBRL 技术规范的不稳定性之外，还包括未建立与 XBRL 相匹配的相关准则、XBRL 替代品的存在以及当地文化的影响。Azam and Taylor(2011)分别从财务报告的编制者(公司管理层)、外部使用者(投资者)和监管者(政府机构)三个角度分析了其对澳大利亚资本市场中 XBRL 应用和实施的影响。

3. 新西兰

Davidson et al. (2006)从新西兰注册会计师的角度出发，考察了 XBRL 在新西兰的应用情况。在 1 500 名参与调查的注册会计师中，仅有极少数受访者表示他们的客户已经开始或计划开始应用 XBRL，缺乏 XBRL 相关知识是阻碍企业采用 XBRL 的首要原因。Cordery et al. (2011)在 Davidson et al. (2006)的基础上，采用半结构化面试的方法，从企业外部环境、内部机制和技术应用三个方面再次对这一问题进行了研究。他们得出缺乏政府推动、新技术所带来的预算支出以及企业对 XBRL 作用效果的不确定性制约了其在新西兰的推广。Ghani and Jusoff(2009)则从会计人员的工作年限出发，对不同格式财务报告的使用情况进行分析，得出年龄较小、工作年限较短的会计人员更倾向于使用 XBRL 这种具有较高信息技术含量的报送方式。

4. 欧洲地区

Felden(2011)从技术接受模型(TAM)和制度理论(Institutional Theory)角度出发，分析了影响 XBRL 在德国应用的相关因素。Rosa and Caserio(2013)通过调查问卷和半结构化面试的方法得出，由于缺乏对相关知识的了解，XBRL 并没有引起意大利注册会计师的普遍关注。Stergiaki et al. (2013)同样在 TAM 框架下研究了欧洲 11 国的 XBRL 使用情况，并得到与 Pinsker(2008)相似的结论，即 XBRL 自身的有用性以及其为企业带来的好处推动着它在欧盟国家的应用。

5. 非洲地区

Steenkamp and Nel(2012)通过对 11 458 名注册会计师进行调查，研究了在自愿披露模式下，XBRL 在南非的应用情况。研究得出，在自愿披露模式下，XBRL 在南非的推广脚步较为缓慢。其主要原因是缺乏强制性的披露要求，以及注册会计师对 XBRL 的作用所持有的否定态度。Ogundeji et al. (2014)也通过 TAM 模型进行分析，发现 XBRL 技术的有用性及其实施过程中的难易程度影响着其在尼日利亚的推广。

6. 中国

张天西(2006)指出，现阶段制约 XBRL 应用和推广的一大原因是缺乏相应的概念框架的指导和规范，从而导致信息标准理论基础的缺失以及 XBRL 报告内部结构的无序。在这一背景下，张天西(2006)以会计理论和数据库理论为基础，建立了一个基于财务信息元素的 XBRL 理论框架，并从逻辑关系和层次结构两个方面对这一理论架构进行了论证。

2.2 XBRL 对资本市场的影响研究

信息是资本市场的主要组成部分，也是影响资本市场合理运行与发展的重要因素。XBRL 作为一种新型的财务报送方式，从会计信息的生成、获取、交换等各个方面颠覆了以往的信息系统运行模式，对资本市场产生了重大的影响。已有关于 XBRL 对资本市场影响的国外和国内文献可以归纳为以下几个方面：XBRL 对会计信息质量的影响、XBRL 对信息不对称的影响、XBRL 对公司治理的影响，以及 XBRL 对信息供应链中各参与者的影响。

2.2.1 XBRL 对会计信息质量的影响

为资本市场的参与者提供有助于其获取、交流和分析的财务信息是 XBRL 技术的宗旨。XBRL 通过提供交互式的数据，改变了以往静态的、以文本形式存在的信息格式，实现了信息的动态搜寻和分析，缩小了不同企业间信息披露程度的差异(Premuroso and Bhattacharya，2008)，全面地提高了财务信息的质量和决策有用性(SEC，2009)。具体来说，XBRL 实现了会计信息的电子化报送，避免了信息在生成过程中的重复转换，从而提高了信息的准确性(McNamar，2003；Naumann，2004)和可靠性(Li et al.，2006；Gunn，2007)；其标准化的信息格式以及网络化的披露方式有助于提高信息的相关性(Baldwin et al.，2006；Efendi et al.，2011)、可比性(Debreceny and Gray，2001；Srivastava and Liu，2012)、可获得性(Gunn，2007；Strader，2007)和透明程度(Farewell and Pinsker，2005；Hodge et al.，2004；Lester，2007；McGuire et al.，2006)。

Cueno(2002)认为 XBRL 的标记语言一方面强化了使用者搜索信息的能力；另一方面加大了管理层在脚注中隐藏信息的难度。Wang and Gao(2012)在得分系统(Scoring System)下，研究了 XBRL 对美国资本市场、中国资本市场和韩国资本市场中会计信息质量的影响。具体来说，作者对比分析了以上国家 XBRL 格式财务报告和非 XBRL 格式财务报告各会计信息质量特征的得分。

研究结果表明，随着XBRL应用的不断深入，会计信息质量从整体上呈现显著的上升趋势，特别是在信息的准确性、及时性、一致性和可靠性方面，XBRL格式数据要明显优于其他格式的财务数据。Hodge et al.(2004)将96位来自美国两大州立大学的MBA学生分成两组，并分别为他们提供XBRL格式财务报告和传统格式财务报告，以对比两种报告的透明程度。实验结果表明，支持搜索功能的信息披露方式(如XBRL)能够增强投资者获取和整合信息的能力(如获得脚注中所包含的信息，并将此类信息融入其决策过程中)，从整体上提高了信息的透明程度。Farewell and Pinsker(2005)和Akanoh(2006)指出，XBRL的实时披露缩短了信息发布和获取之间的时滞，使得信息使用者可以利用在线搜索功能获取不同公司的数据，增强了信息的透明程度，缓解了投资者对报告合理性的质疑。Hwang et al.(2008)通过其设计的一个会计信息透明程度测度模型，再次证明了XBRL数据格式的采用提高了韩国资本市场中会计信息的透明程度。然而，受样本容量和范围所限，作者并没有发现XBRL财务呈报和信息透明程度之间的相关关系。Vasarhelyi et al.(2012)通过TAM模型，从当期数据、披露格式、历史数据、数据的真实程度以及第三方数据五个角度研究了XBRL对财务数据有用性的影响。他们得出，未来XBRL还可通过降低数据的整合标准、提高信息披露的标准化程度以及完善对XBRL文件的审计程序等方式来加强财务信息的有用性。

然而，也有一部分研究者指出了XBRL文件在实际应用过程中存在的一些错误(Plumlee and Plumlee，2008)。Debreceny et al.(2010)对首轮提交的393份XBRL实例文档进行了检验，发现约有1/4的报告出现了计算错误，且产生以上错误的主要原因是XBRL分类标准中借贷双方的反记(约占43%)、计算过程中的漏记(约占15%)以及错误的金额(约占13%)。在进一步将各类计算错误归总后，作者得出这些错误主要集中于利润表(约占47%)和现金流量表(约占41%)。但Debreceny et al.(2010)强调通过更新XBRL应用软件、强化SEC的监管，以及对会计人员展开培训等方式，可以避免以上错误的再次发生。Bartley et al.(2011)通过人工比对的方式，分析了2006年至2008年间，参加自愿披露计划的美国上市公司XBRL文件的质量变化情况。他们发现在项目刚开始的2006年，所有参与公司都发生了不同程度的错误，如元素的遗漏和重复、不正确的金额和符号，以及在财务报表中的显示错误。然而随着经验的不断积累，在项目的第三年(2008年)，错误的数量有了大幅度的下降，且诸如重复记录、不正确的金额和符号等类型的错误已不复存在。

Roohani and Zheng(2013)对从 2009 年 7 月到 2010 年年底的来自 1 430 家公司的 4 532 份 XBRL 文件进行研究后发现，规模越大、经营模式越复杂的公司，越容易在 XBRL 文档中出现差错。同时，尽管在 XBRL 文件中小差错时有发生，但发生较大偏差的比例呈逐年下降趋势。Du et al.(2013)进一步发现 XBRL 的实践遵循一定的学习曲线，即随着 XBRL 应用年限的不断加长，企业已从中获得了一定的经验和方法，XBRL 文件中出现错误的概率呈现逐年下降趋势。

我国学者也对 XBRL 与会计信息质量的关系进行了一系列的研究。肖泽忠(2000)探讨了现行通用财务报告无法满足使用者特殊需求的这一缺陷，并在此基础上提出了按需报告的概念，即通过"量体裁衣"的方式，为使用者提供多样化的、具有灵活性的财务信息。Jensen 和肖泽忠(2004)、潘琰和林琳(2007)在肖泽忠(2000)的基础上，分别提出了基于 XBRL 技术的按需报告模式，并指出这一柔性化的财务报告模式，能够将现阶段的财务报告编制环节扩展至从企业交易起点到用户终端的一整套内部数据生成过程，并从可靠性、相关性、及时性、可比性和透明程度等方面提高会计信息的质量。林华(2007)也指出 XBRL 的应用能够减少信息的重复转换次数，还可通过相关软件直接对数据进行对比分析，从而增强了会计信息的相关性、可获得性和可比性，为使用者的决策提供了更优质的信息支持。2009 年年初，我国沪深两大交易所先后要求其上市公司披露 XBRL 格式财务报告，赵现明和张天西(2010)，以及王琳和龚昕(2012)以此为背景，通过实证检验研究了我国资本市场对 XBRL 格式年报和半年报中信息含量的反应。结果表明，由传统格式向 XBRL 格式的转变提高了会计信息的质量，但却没有引起资本市场的强烈反应。他们认为，除研究方法的局限外，XBRL 在我国资本市场的应用年限也是造成这一结果的主要原因。聂萍和周戴(2011)采用专家打分法，从信息披露的有效性和网站的适航性两个角度对美国证券交易所、以色列证券交易所、上海证券交易所、深圳证券交易所和台湾证券交易所的 XBRL 网络财务报告示范服务平台的呈现效果进行对比分析。他们发现，如预期所料，美国证券交易所的得分遥遥领先，深圳证券交易所则紧随其后，在信息披露有效性和网站适航性两个方面均明显优于其他三个证券交易所。

2.2.2　XBRL 对信息不对称的影响

XBRL 对会计信息质量的提升作用，缓解了资本市场中的信息不对称程度。Yoon et al.(2011)首先基于韩国资本市场对这一问题进行了研究。他们采用买卖价差这一指标衡量资本市场中的信息不对称程度，通过实证的方法证明了XBRL的采用对降低信息不对称产生了积极的作用。同时，Yoon et al.(2011)还发现相对于中小企业，XBRL对信息不对称的缓解作用在大公司中体现得更加明显。Kim et al.(2012)和Blankespoor(2012)均以在美国资本市场中首批强制性采用XBRL方式进行披露的上市公司为样本，研究了XBRL对美国资本市场中信息不对称的影响。具体来说，Kim et al.(2012)从信息获取效率和信息风险两个角度进行了研究，发现XBRL通过提高信息的透明程度缓解了资本市场中的信息不对称程度。进一步的研究还指出，在信息不确定性较强的环境下，XBRL能更好地体现其在降低信息风险方面的作用。与Kim et al.(2012)不同，Blankespoor(2012)采用双重差分法实证检验了样本公司在XBRL采用前、后期所披露的信息含量的变化。作者发现，与其他未采用XBRL格式报送的公司(即控制样本组)相比，参与XBRL报送的公司所提供的信息含量有了显著的提高，从而证明了XBRL对缓解资本市场中信息不对称的贡献。进一步的研究还发现，这一结果在经营领域较多元化、盈余波动较大的企业中最为明显。Bai et al.(2012)将视线转向日本资本市场，研究了信息环境在XBRL应用前后的变化。他们发现与XBRL采用前相比，衡量信息不对称的四项指标(收益波动、累计异常收益、日股票回报变化的标准差以及异常买卖价差)在XBRL采用后有了大幅度的下降，得出XBRL的应用通过降低信息不对称程度改善了日本资本市场的信息环境。与Bai et al.(2012)相似，Chen and Li(2013)同样以买卖价差为对象，研究了XBRL对中国资本市场信息不对称的影响，并得到了类似的结论，即XBRL的应用降低了中国资本市场中的信息不对称程度。而XBRL对信息不对称的缓解作用，又进一步降低了企业的资本成本(Bonson，2001；Li et al.，2012)。

2.2.3 XBRL对公司治理的影响

Alles and Piechoci(2012)首先分析了XBRL数据格式下的公司治理决策过程，并在决策模型的框架下，从XBRL分类标准及其对数据的编码过程两个方面分析了其在公司治理决策中的重要作用。Brandas(2012)指出，XBRL通过其交互式的数据格式完善了信息的透明程度，从而提高了公司治理决策效率和作用效果。

2.2.4　XBRL 对信息供应链中各参与者的影响

已有文献分别从企业本身、投资者和债权人、分析师、审计师以及监管机构五个角度，研究了 XBRL 对资本市场信息供应链中各参与者的影响。

1. 对企业本身

作为信息供应链中不可或缺的参与者，企业主要负责会计信息的编制和呈报工作。XBRL 对企业的影响主要体现在其降低了企业编制财务报告的成本。在以往的报告模式下，会计人员需编制多份财务报告以满足不同使用者的格式需求，极大地浪费了企业的时间和人工成本（Wu and Vasarhelyi，2004）。根据弗雷斯特研究公司（Forrester Research）2002 年的一项调查，美国企业每年需花费 404 亿美元用于支付员工处理信息的费用，占其总工资支出的 11%（Farewell and Pinsker，2005）。而 XBRL 数据格式所提供的经标准化的标签，使得信息可以在各计算机和软件中进行无障碍的传递和分享，化简了以往烦琐的信息处理过程和人工参与程度，从而降低了企业信息处理的成本（Jensen and Xiao，2001；Willis，2003；Miller，2008；Schuster and O'Connell，2006；Srivastava and Liu，2012；Weber，2003）。

Wagenhofer(2003)认为，XBRL 模式下财务报表的"一次性生成可供无数次使用"的特点是降低企业会计信息编制成本的直接原因。Willis(2003)发现 XBRL 采用后，企业编制财务报告的成本下降了 40%～60%。Willis and Hannon(2005)更是将这一比例扩大到 70%。在对自愿采用 XBRL 报送方式的 United Technologies Corporation(UTC)进行为期两年的跟踪调查后，Stantial (2007)发现该公司花费在 XBRL 报告准备工作上的时间，已从最初的 80 个人工小时降低为 4 个人工小时，其编制季度报告的时间也缩减了近 200 小时。来自北美、德国和南非的管理层在受访时均承认，XBRL 通过提高信息处理能力和降低数据冗余程度两种方式提高了公司处理信息的效率（Pinsker and Li，2008）。其中一位受访者更明确地指出，XBRL 的应用使其记账人员的人数缩减了 30%，财务报表编制的时间也从以往的 5～6 天缩减到 15 分钟以内（Pinsker and Li，2008）。而对于拥有较多子公司或分支机构的大型集团企业来说，XBRL 的使用能够解决其不同子公司间因信息系统的差异而产生的数据格式不兼容的问题，降低了其编制合并财务报表的复杂程度，提高了相应的编报速度（Doolin and Troshani，2004）。而对于跨国企业来说，XBRL 使得各国投资者可通过样式表获得其所需格式的财务报告，避免了以往该跨国企业对不同国家投资者编制不同格式报告的烦琐过程，从而降低了财务信息的编报成本(沈颖玲，2004)。

然而，Debreceny et al.(2005)和Sledgianowski et al.(2010)也指出，XBRL的采用同样会带来一系列的成本，如购买软件、基础设施和员工培训费用等有形支出，以及员工生产力损失等无形支出。但他们认为，一些有形成本会随着经验的丰富和学习曲线的下降而减少。

2. 对投资者和债权人

通常来说，投资者需要将企业所提供的财务报告转换成其所需的格式，以便进行分析工作，而这一过程则会耗费大量的人力和时间成本。XBRL财务报送模式为使用者提供了一个简单的信息获取和整理的方式，使投资者能够将更多的时间投入数据分析和决策制定等过程中去(Li et al.，2006；Taylor and Dzuranin，2010)。Wallace(2001)指出，在传统模式下，贷款人需要花费约90%的时间用于数据的收集和评估，仅留10%的时间用于分析和决策。而XBRL的使用则扭转了这一局面，使贷款者能够更好地进行分析工作，从而降低了其贷款风险。

3. 对分析师

XBRL的使用加快了分析师获取信息的速度(Higgins and Harrell，2003)。Jones and Willis(2003)在对摩根士丹利国际金融服务公司进行案例分析后发现，XBRL的应用增强了基金经理和分析师主动获取信息的能力，使他们不再需要依赖烦琐的人工程序或等待第三方中介来获得数据。同时，基金经理和分析师可将节省下来的时间用于其他具有附加值的工作和项目中去，从而创造更多的经济效益。Baldwin and Trinkle(2011)也指出，分析师可借助于XBRL数据的可获得性以增加信息来源，从而扩大分析工作的广度和深度。Liu et al.(2014)以美国资本市场中参加第一轮和第二轮强制性采用XBRL报送系统的上市公司为对象，研究了这一期间分析师预测的变化情况，发现XBRL的采用增加了分析师对某一公司的关注程度，也提高了该预测的准确性。在进一步分析了第一轮和第二轮的使用情况后，作者指出，XBRL对分析师关注度和预测准确性的作用在首轮即参与XBRL披露的公司中体现得更加明显，且这一影响会随着应用年限的延长而有所增加。

4. 对审计师

Shin(2003)指出XBRL数据的可获得性扩大了审计师的审计范围，使其能够及时地发现客户报告中存在的异常事项，从而降低审计风险、提高审计效率。Willis(2005)认为 XBRL 标准化数据格式的运用能够为审计师提供最新、最可靠的数据，加快其获取和分析数据的速度，使审计师在不增加额外成本的情况下提供更频繁的审计报告。萨班斯法案 404 条款要求企业高层管理人员和外部审计师分别提交一份关于该企业内部控制有效性的评估报告和鉴证报告，这一要求为企业带来了大量的合规成本(Krishnan et al.，2008)。将 XBRL 技术与企业 ERP 系统相结合，能够帮助管理层和外部审计师实现对企业财务报告和内部控制的持续监管和审计，有助于降低该项条款的合规成本(Li et al.，2007)，提高审计师的工作效率(Akanoh，2006)。

张天西和高锦萍(2007)指出，XBRL 数据标准化的格式以及其在各操作平台上良好的兼容属性，减少了审计师花费在数据转换和录入上的时间，从而提高了审计工作的效率。

5. 对监管机构

对于监管机构而言，XBRL 的应用降低了它们的监管和审查成本。根据《纽约邮报》2001 年的一份报道，SEC 每年需审查近 14 000 份上市公司年报，然而受人工和时间成本的限制，实际上 SEC 仅能审查其中的 16%，安然公司更是从 1997 年开始就没有再接受过 SEC 的审查(Farewell and Pinsker，2005)。如果 XBRL 得以应用，SEC 便可扩大审查范围，通过相关软件发现安然与行业标准所存在的不同，从而避免这一丑闻的发生(McNamar，2003)。

2.3　XBRL 分类标准的研究

XBRL 的优势之处在于它为每一个财务数据都提供了一个独特的、可通过计算机语言进行读写的标记，而这些标记又是根据会计界公认的财务报告分类标准来定义的。因此，分类标准是 XBRL 技术的核心部分，影响着 XBRL 的应用效果。国内外学者已分别就这一问题进行了研究。从国内外的研究情况来看，主要包括对 XBRL 分类标准的基本特征与架构研究，以及对其与财务报表实务匹配性的研究。

2.3.1　XBRL 分类标准的基本特征与架构研究

Cohen(2004)指出，XBRL 分类标准的特征在于其可扩展性，即企业可根据自身需求，在通用分类标准的基础上进行自定义。然而，这一做法可能会产生如下问题，比如企业不同时期自定义分类标准之间的冲突、分类标准制定者对分类标准的修改订正与企业自定义的元素标签之间的冲突。SEC(2004)指出应从技术框架、内容的完整性和准确性三个方面完善对 XBRL 分类标准的研究。具体来说，这三个方面分别是：XBRL 分类标准的创建是否遵循了技术规范 2.1 的要求；分类标准中所包含的标记是否能够反映报告主体的一般性财务数据；XBRL 标记的定义和属性是否正确，各链接库的结构和关系是否合理。

Debreceny et al.(2005)在 SEC(2004)的基础上，进一步提出了完善 XBRL 分类标准框架的四种方法：一是探讨现行分类标准的合理性与可行性，建立会计准则制定与财务报告实质、分类标准设计和终端用户之间的函数关系；二是参与分类标准相关软件的设计和开发；三是从技术性、完整性、可用性、可比性、可获得性和一致性等方面对现行分类标准的充分性进行检验；四是对分类标准进行扩展，并分析其所带来的经济后果。

我国学者也针对 XBRL 的理论架构问题做了一系列的研究。沈颖玲(2004)首先提出，构建基于国际会计准则的 XBRL 分类标准有利于加快会计全球化的发展步伐。高锦萍(2008)归纳出了两种 XBRL 分类标准创建方式：一种是独立创建自己的分类标准；另一种是在某一公认的基准分类标准的基础上进行扩展。在第二种方式下，各国可根据 IFRS 分类标准进行扩展，形成“国家分类标准”；该国的各个行业可对“国家分类标准”进行扩展，形成行业分类标准；而各个公司还可进一步扩展“国家分类标准”和“行业分类标准”，并最终生成企业 XBRL 财务报告。这样一种方式既能提高分类标准的创建效率，又能加快各国会计准则的国际趋同(高锦萍，2008)。应唯等(2013)从宏观角度将全球范围内较典型的分类标准划分为四大架构：基于会计准则架构的分类标准、基于行业架构的分类标准、基于报告模板架构的分类标准和基于技术规范架构的分类标准，并指出我国财政部制定的企业会计准则通用分类标准属于基于会计准则架构的分类标准。李争争等(2013)以我国石油行业为对象，从信息元素的扩展、复用频数和可比性三个方面对基于石油行业分类标准、通用分类标准的行业扩展模式和基于通用分类标准的直接扩展模式进行对比，发现直接扩展模式在可比性和使用效率方面均不及行业扩展模式。李争争和张天西(2013)从微观角度将 XBRL 分类标准分为元组模式和维度模式，并通过构建基于成本收益原则和相关性原则的创建质量评价体系，对以上两种模式进行对比，得出尽管两种模式在相关性和创建效率方面各有所长，但总体上来说，维度模式要优于元组模式。孙凡和杨周南(2013)以现代语言学为基础，从语义形式化和语法形式化两个方面分析了现行 XBRL 技术体系的不足。其中语义形式化的不足包括语义表达的欠缺，语法形式化的不足包括缺乏对必要元素和规则的定义。基于此，作者提出了针对 XBRL 分类标准的改进方法，以完善 XBRL 的技术品质，提高 XBRL 的应用效果。与以上研究不同，杨周南等(2010)从第三方非营利组织理论、本体理论、软件体系架构理论和软件成熟度模型理论出发，创建了一套包含认证模型、认证类别、认证方法和认证主、客体五部分的 XBRL 分类标准认证体系，并指出认证模型、认证类别和认证方法是这一体系的核心要素。

此外，也有研究者指出了我国在 XBRL 分类标准创建过程中存在的问题(李为，2009；赵英吉，2010；王立彦和曾建光，2012)。王立彦和曾建光(2012)指出，基于我国特有的制度安排，XBRL 分类标准的创建在我国呈现“三足鼎立”的状况，即财政部、上海证券交易所和深圳证券交易所各有一套 XBRL 分类标准。这样一种多重的分类标准体系会制约 XBRL 在我国的应用和发展。具体来说，对于已上市的公司而言，需要依据两套 XBRL 分类标准编制财务报告以分别满足财政部和证券交易所的需要；而对于在上海证券交易所和深圳证券交易所均有下辖公司的集团公司来说，则需同时实施三套 XBRL 分类标准(王立彦和曾建光，2012)。这一缺陷极大地增加了 XBRL 的应用难度，阻碍了其作用效果的发挥。

2.3.2　XBRL 分类标准与财务报表实务匹配性研究

除了以上对 XBRL 分类标准的理论分析，学者也指出，在实务工作中，XBRL 分类标准的制定是一个复杂的过程，如果分类标准的数量不足以覆盖企业所有的业务，依据此分类标准编制财务报告会导致信息的缺失；而如果企业过多地对分类标准进行扩展，各企业间不同的分类标准也会造成信息可比性的降低(Bovee et al.，2005)。基于此，国内外学者对现阶段 XBRL 分类标准与财务报表实务匹配性问题进行了研究。

Bovee et al. (2002)以 1999 年美国 10 个行业中的 67 家上市公司为样本，研究了 2000 年版的 U. S. GAAP C&I(工商业)报告分类标准与上市公司财务报告实务之间的匹配程度。他们指出，从整体上来说两者之间得到了较好的匹配，但这种匹配程度在不同行业间存在一定的差异，这也从侧面反映了对以行业为基础的分类标准的需求。Bonson et al. (2009b)在国际会计协调与趋同的背景下，研究了依据国际财务报告准则(IFRS)创建的 IFRS 分类标准与不同 IFRS 采用国报告实务间的匹配程度。具体来说，Bonson et al. (2009b)研究了

IFRS-GP 分类标准与在欧盟上市的公司合并报表实务的匹配情况，发现尽管在银行业和保险业存在一些瑕疵，但从总体上来说，IFRS-GP 分类标准与财务报告实务得到了很好的匹配，且对资产负债表、利润表和现金流量表的匹配程度要优于所有者权益变动表。

Valentinetti and Rea(2013)依据意大利的特殊国情，通过对比的方法，对IFRS 分类标准在意大利的应用情况进行了详细的分析。他们指出，现阶段应用于意大利非上市公司的 Italian GAAP 是以规则为导向的，它要求公司必须严格按照准则规定的条文来提供信息，或仅能进行有条件的改动。因此，在其基础上创建、应用于本国非上市公司的 Italian GAAP 分类标准，不允许公司对其进行扩展。这一刚性的分类标准的灵活性较差，但却十分有利于对信息进行对比分析。而应用于意大利上市公司的 IFRS 是以原则为导向的，即准则中仅给定了一些基本的逻辑和方向，可根据实际业务的不同进行具体分析。因此，在其基础上形成的、应用于本国上市公司的 IFRS 分类标准，允许使用者根据其自身情况(如所属国家、行业)，对其进行有效的扩展。这种分类标准的可比性较弱，但灵活性较强。基于这一特殊背景，Valentinetti and Rea(2013)将 Italian GAAP 分类标准和本国非上市公司报表实务匹配情况与 IFRS 分类标准和本国上市公司报表实务匹配情况进行对比分析。他们发现，正如预想的那样，Italian GAAP 分类标准与非上市公司报表实务得到了很好的拟合；而IFRS分类标准由于仅包含一些原则性的内容，所以与上市公司报表实务的匹配程度不及前者，但它却为公司提供了很多灵活运用的空间。同时，Valentinetti and Rea(2013)还发现，两者的匹配程度都会随着公司规模、所属行业和财务报表类型的不同而发生变化。

高锦萍和张天西(2006)以我国 12 个行业的 117 个上市公司为样本，将以上公司 2005 年年报的财务报表附注与上海证券交易所《中国上市公司信息披露分类》中的相关标记进行匹配比较，发现由于分类标准未对某些财务报表中的经常项目进行及时的定义，因此二者间存在较大的差异，且行业间并不存在显著的差异。

2.4 XBRL 对审计的影响研究

作为保护信息使用者利益的一道屏障，审计一直是会计工作中的重要组成部分。然而，为促进 XBRL 的应用和推广，美国证监会(SEC)目前并不强制要求对 XBRL 数据进行审计。因此 XBRL 的审计问题得到了理论界和实务界的广泛关注。已有的关于审计问题的文献，主要从 XBRL 环境下审计的必要性、审计技术、审计工作内容以及持续审计四个方面进行了研究。

2.4.1 XBRL 审计必要性的研究

Cohen et al.(2003)从信息经济学理论、代理理论和交易成本理论三个角度对 XBRL 审计的必要性进行了研究。Wagenhofer(2003)指出，尽管互联网的应用提高了信息的灵活性和可获得性，但是其易受攻击和被恶意篡改的缺点依然不容忽视。比如，由于使用者是通过 XBRL 相关软件提取各标记信息，这就为企业隐藏某不利自己的信息或对其进行特殊标记提供了可能。因此，审计人员应提供相应的鉴证业务，进行从信息输入到输出的持续审计。美国上市公司会计监督委员会(PCAOB)在 2005 年发布的一份关于"XBRL 自愿披露计划"的问答报告中指出，提倡参加 XBRL 自愿报送的公司对其 XBRL 格式数据进行第三方审计(PCAOB，2005)。Boritz and No(2003，2008)也先后强调应加强对 XBRL 审计机制的研究，以保证 XBRL 作用效果的发挥。特许金融协会(CFA)于 2007 年就 XBRL 审计问题在其协会成员中展开调查。调查结果显示，约有 80%的被调查者认为十分有必要对 XBRL 数据展开鉴证业务，以保证其标记过程的合理性。当被问及 XBRL 数据所需的鉴证水平时，69%的受访者认为需要由独立审计师进行鉴证工作，其中 19%的被访问者更是提出需要独立审计师对 XBRL 数据进行单独的审核和认证(CFA，2008)。从另一角度来说，开展对 XBRL 格式数据的第三方审计也可以鼓励企业提供高质量的财务信息(Bartley et al.，2011)。

2.4.2 XBRL 环境下审计技术的研究

在意识到 XBRL 审计工作的必要性后，学者还就 XBRL 模式下的审计方法进行了探讨。Boritz and No(2003)首先提出了基于 XML 语言、经 XBRL 扩展的 XARL(eXtensible Assurance Reporting Language)。他们对 XARL 的工作流程做了详细的介绍。当公司 X 根据会计信息系统和 XBRL 分类标准生成 XBRL 文档后，将这一 XBRL 文档传送给鉴证商 Y；鉴证商 Y 通过相关分析程序和其他证据对 XBRL 文档中数据的合理性(如标记和分类标准的准确性、分类标准与财务数据的一致程度等)进行审核并生成 XARL 文档。XARL 文档中包含鉴证日期、鉴证类型、鉴证者姓名和系统可靠性等相关方面的信息。信息使用者通过与鉴证商 Y 间进行公共密钥和私人密钥的解码获得 XARL 文档，从而得到了经过审计的、有可靠性保障的 XBRL 文档，再利用 XBRL 样式表生成所需格式的财务报表。Boritz and No(2004)将 Boritz and No(2003)中所提出的 XARL Version 1.0 与 W3C 网络服务相结合，提出了能够实现网络服务的审计框架 XARL Version 2.0。然而，Boritz and No(2005)又指出，XBRL 与 XARL 都是基于互联网的服务模式，没有网络安全做保障，就不可能最大化地发挥它们的作用。基于此，Boritz and No(2005)提出了一种端对端服务的网络服务安全架构。

2.4.3 XBRL 环境下审计工作内容的研究

Gunn(2007)认为现阶段 XBRL 审计工作所面临的一个问题是审计范围的大小，即是仅仅对 XBRL 实例文档的完整性与准确性进行审计，还是将这一范围扩大至如标签、分类标准等 XBRL 其他文件。作者认为前者能够节省相应的审计成本，但后者更关系到企业整个会计信息系统的运转，是未来 XBRL 审计工作的发展方向。Plumlee and Plumlee(2008)肯定了 Gunn(2007)的观点，并提出了数据中心(Data-centric)的概念，指出审计师除了检验 XBRL 格式与传统格式数据间的一致性以外，还应关注标签设置的准确性与合理性。然而，作者承认目前的审计软件仅能做到对分类标准中标签与技术规范一致性的检测，还不能够实现对标签本身是否设置得当的检测。

Plumlee and Plumlee(2008)还探讨了 XBRL 实例文档审计的重要性、统计样本和控制方面的相关问题。Srivastava and Kogan(2010)扩展了 Plumlee and Plumlee(2008)的研究，在分析了 XBRL 实例文档可能存在的问题后，提出了一个基于业务事实(Business Facts)和元数据(Meta-data)六大鉴证标准的实例文档认证框架，并探讨了如何使用这一框架对实例文档进行审计。Boritz and No(2011)在 Srivastava and Kogan(2010)的基础上，提出了一个基于计算机技术的 XBRL 实例文档审计框架，并指出这一框架实现了对 Srivastava and Kogan(2010)的两点扩展：一是在模型中加入了诸如内部控制等环节；二是提出了审计师在审计过程中需完成的任务。

Boritz and No(2009)采用案例研究法，借鉴普华永道会计师事务所的审计程序，对参加 XBRL 自愿披露计划的美国联合科技公司 2005 年 10 月所提交的 10-Q XBRL 实例文档进行了模拟审计，以检验实例文档的完整性和准确性。作者从传统格式的 10-Q 报告追踪到 10-Q XBRL 实例文档，再从实例文档追踪至传统报告，最终得出该公司的 10-Q XBRL 实例文档完整且准确地反映了 10-Q 传统格式报告，但由于缺乏对某些相关部分(如管理层讨论与分析 MD&A、企业扩展分类标准)的审计准则和标准，他们无法对 10-Q 实例文档是否公允做出结论。

张天西和高锦萍(2007)指出 XBRL 的使用将为审计工作带来一系列的变革，其中包括扩大审计工作的相关范围、开启审计工作的网络化时代，以及逐步实现由传统审计方式向连续审计的转变。姜玉泉等(2004)、朱钊和李柏(2005)指出 XBRL 采用后，审计工作的重心将由以验证数据正确与否的实质性测试转移至控制性测试，由传统的对过去某一时点的数据的检查转移至对互联网上财务数据的实时审计，并致力于通过对 XBRL 相关文档的检验及自动化的审计软件来提高持续审计的水平和效果。吕志明(2011)提出了一个基于 Web 服务技术、数据加密技术、数字签名技术和安全认证技术的 XBRL 审计流程框架。在这一框架下，审计流程可描述为首先为 XBRL 实例文档进行加密，继而将加密后的实例文档在 XML Web 服务中心进行注册；审计方通过授权从 XML Web 服务中心获得实例文档，开始对实例文档进行一致性验证及其他审计作业，并最终将已加密的审计结果传送至各使用者终端服务器。

高锦萍(2011)分别就传统财务报告与 XBRL 财务报告并存条件下以及 XBRL 财务报告取代传统财务报告条件下的管理层认定、审计目标和审计程序进行了研究，指出在并存期间，管理层的认定包括对 XBRL 报告中商业事实的认定、元素标记的认定和元素扩展的认定；而在代替条件下，管理层的认定包括对 XBRL 报告中财务信息的认定和对实例文档的认定。在以上两类管理层认定的基础上，高锦萍(2011)建立了一个 XBRL 财务报告审计框架模型和应对机制，强调基于审计工作底稿创建审计分类标准有利于实现该模型的运行效率和安全系数。林琳和潘琰(2011)在分析了 XBRL 技术环境下的鉴证业务、鉴证目标、鉴证对象、鉴证层次、鉴证标准、鉴证业务风险和重要性等方面后，提出了一个由 XBRL 实例文档数据相关认定、XBRL 实例文档元数据相关认定和 XBRL 分类标准相关认定所构成的管理层认定概念框架，并从 XBRL 国际鉴证工作组所提出的“业务承接、计划审计、实施审计程序和获取审计证据、出具审计报告”四个阶段对 XBRL 实例文档审计进行了探讨。

2.4.4　XBRL 与持续审计研究

XBRL 环境下审计工作的一个重点变革便是持续审计的应用。Rezaee et

al.(2001)较早提出XBRL的应用和推广必然会引起审计工作的重要改变，即从现行借助计算机进行审计转变为连续审计模式。同时，Rezaee et al.(2001)将实时审计定义为一种为证明无纸化、实时会计系统所提供的财务报表是否公允而收集电子化审计证据的过程。CICA(2002)指出，尽管与现行审计程序的目标相同，但由于其生成财务信息的方式不同，这就需要增加一系列诸如核实标记真实性、评判分类标准等程序以达到审计目标。而当运用XBRL实时提供财务信息时，审计人员还需对这一过程进行持续监控，即做到实时审计，以保证数据的质量。Flowerday and Solms(2005)指出现阶段信息使用者越来越偏爱电子数据，持续审计模式的应用为电子数据的真实性提供一定的保障。此后，学者纷纷开始研究XBRL环境下的持续审计模型。

Murthy and Groomer(2004)提出了一个基于Web服务技术的持续审计模型，并指出这一模型的实现需要依靠XML语言和XBRL总账数据平台。Flowerday et al.(2006)提出了三种与XBRL技术相联系的连续审计模型，并分别从数据的准确性、内部控制系统的可靠性、信息披露的方法和时效性四个方面对上述模型进行了对比分析。Du and Roohani(2007)在其所提出的持续审计模型中强调，审计师的系统必须与其客户的信息系统区分开来，以保持审计师的独立性；同时，审计师的系统还应与客户的信息系统相互联系，以保证两者之间顺畅的沟通。

2.5 对研究现状的评析

自1998年推出以来，XBRL技术经过十几年的不断发展和进步，已得到了不同国家和地区理论界和实务界的广泛关注。本章主要梳理了XBRL自诞生以来的相关国外和国内文献，通过对以上文献的归纳和评价，了解XBRL相关问题的研究现状，并在此基础上找到研究突破口，为本书的研究奠定一定的基础。

2.5.1 现有文献的特点

现有的关于XBRL的国内外文献主要呈现以下特点：

从广度来看，已有文献的涵盖范围相对广泛。自XBRL产生至今的短短十几年里，学者已分别从XBRL的推广、XBRL对资本市场中会计信息及参与者的影响、XBRL分类标准的创建架构和质量评价，以及XBRL对审计必要性、方式和内容的影响等几个方面进行了研究。因此，已有文献的涵盖范围相对广泛，对XBRL技术的几个核心问题(如对会计信息质量的影响、XBRL分类标准、XBRL数据审计)均有涉猎。

从深度来看，已有文献对XBRL技术的推广问题进行了较为深入的研究。由于XBRL技术仍处于其发展和应用的初期阶段，因此，国内外研究者分别从企业实施XBRL的动机、公司特征与XBRL自愿披露行为以及影响XBRL在世界范围内推广和扩散的相关因素等方面对XBRL的推广情况进行了大量的研究，以期在未来能够更好地指导XBRL技术的推广工作。

2.5.2　现有文献的缺欠

尽管学者已经对XBRL财务报送技术进行了一定程度的研究，但已有的研究主要存在以下几点缺欠：

第一，缺少基础性的理论研究。绝大多数已有文献都是从应用角度、以实际问题为导向对XBRL进行研究，而较少涉及理论基础和框架的研究。这就使得已有的研究不够深入，没有形成相应的体系。未来的研究可加强对XBRL理论基础的关注，以期通过完善的理论体系来更好地指导XBRL的实践工作。

第二，研究方法较为单一。已有的文献主要通过规范研究、调查问卷、面试等方法进行研究，仅有较少的文献采用实证数据检验的方法；同时，由于XBRL技术仍处于初始应用阶段，受样本个数和研究年限所限，学者还不能实现对XBRL进行大样本容量的检验和分析，也无法对XBRL的长期应用效果进行研究。

第三，针对资本市场的研究相对缺乏。XBRL技术的核心目的是通过提供标准化的信息格式，改善资本市场中的会计信息质量，以提高资本市场的运行效率。然而，大部分现有文献仍停留在对会计信息质量和信息不对称的探讨方面，对资本市场的其他方面则鲜有涉猎。同时，作为会计信息的主要提供者，XBRL对企业的作用应在评价XBRL应用效果时占据举足轻重的地位。因此，未来的研究应加强对企业资源配置效率等资本市场其他方面的重视。

第四，缺少对其他国家的研究。通过以上的文献梳理可看出，现有的文献主要集中于对美国资本市场的研究，研究对象相对单一和片面。随着XBRL实施工作在全球范围内的逐步展开，未来的研究可关注XBRL在其他国家的应用效果，并通过对不同国家和地区的对比分析，更全面地了解XBRL的作用效果。

2.5.3 对本书切入点的思考

自21世纪初我国引入XBRL技术以来，XBRL在我国的发展已经历了十几年的时间。在这一时点研究XBRL在我国的应用效果具有一定的理论和现实意义。会计信息的主要目的是帮助决策者进行决策。作为一种能够提高会计信息质量和信息披露水平的财务信息生成和报送方式，XBRL一方面可以通过改善企业信息环境的透明程度来加强内、外部治理机制对企业活动和管理层决策行为的监督和约束；另一方面可通过统一的数据格式和电子化的数据传递流程来加强企业自身内部信息和资源的集中管控，以提高管理层的决策水平和经管效率。然而，尚未有文献从企业决策效率的角度对XBRL的应用效果进行研究。因此，本书从公司层面出发，研究XBRL对我国上市公司融资效率、投资效率和经营效率的影响。本书的研究能够丰富XBRL在我国的应用效果，特别是对上市公司作用效果的相关文献，为未来更好地应用这一技术提供相应的参考。

2.5.4 本章小结

本章主要从XBRL的推广问题、XBRL对资本市场的影响、XBRL分类标准以及其对审计的影响四个方面梳理了现有关于XBRL技术的相关国内和国外文献，并指出已有文献虽然涵盖范围相对广泛，且对XBRL技术的推广问题进行了较为深入的研究，但仍存在如缺少基础性的理论研究、研究方法较为单一、针对资本市场的研究相对匮乏，以及缺少对其他国家的研究等不足之处。基于此，本书从公司层面出发，研究XBRL的应用对我国上市公司融资效率、投资效率和经营效率的影响，以丰富XBRL对上市公司作用效果的相关研究，并为研究其在我国资本市场的应用效果，以及未来如何更好地应用这一技术提供一定的参考。

第3章

会计信息系统的沿革与发展

财务会计目标的实现，在很大程度上取决于企业所提供的会计信息的质量，高质量的财务信息能够提高其在实务工作中的决策有用性。因此，这就需要一个高效的、有序的信息生成和处理机制，从而保证所提供的会计信息的质量。会计信息系统正是这样一种机制，它通过一系列获取、整合和转化活动，最终为信息使用者提供对决策有用的信息。

3.1　会计信息系统的界定

会计信息系统是这样一种系统，它通过会计人员、硬件设施(如计算机等电子设备)和软件资源(如操作系统软件和会计软件)的协同及合作，在各项会计制度的规范下，从企业所参与的各项经济活动中确认、收集、计量、分类各个经济数据，并将其汇总至各分类报表中，配以具有解释说明作用的文字信息，最终形成反映企业财务状况、经营业绩和现金流量的信息，帮助使用者做出合理高效的经济决策。

1969 年，美国会计学者 Sorter 在《基本会计理论事项法》一文中，将现行的会计理论定义为“价值法”，并指出该方法假设外部信息使用者最关注有关“价值”方面的信息，由于会计人员已知且明确了解使用者的信息需求，因此，会计人员可通过推演的方法为使用者提供最优价值的信息，继而帮助他们进行经济决策。Johnson(1970)肯定了 Sorter(1969)的观点，承认传统的会计理论是以推演为基础的，并将这一理论命名为“价值—推演法”。因此，在“价值法”

下，企业会计人员根据确定的使用者决策模型，通过推理的方式，将各经济业务中的财务数据进行整合和汇总，最终得到使用者所关注的有关价值方面的信息。

价值法会计理论的应用产生了传统会计信息系统，其中包括手工会计信息系统和电算化会计信息系统(陈虎，2005)。

3.2 手工会计信息系统

3.2.1 手工会计信息系统的界定

手工会计信息系统是指企业会计人员通过笔墨、算盘和各类纸质凭证，以会计科目分类标准和复式记账法为原则，依据主观判断和操作，将企业日常事项中的经济数据进行提炼、整理和汇总，编制成财务报表，并将会计信息提供给信息需求者的过程。

3.2.2 手工会计信息系统的结构和工作流程

手工会计信息系统主要包括原始凭证、记账凭证、日记账、分类账、试算平衡表和会计报表六部分。原始凭证是在一项经济事项发生或完成时获取的，记录了该项经济业务所涉及的时间、人员和金额等方面信息的纸质证明文件，是会计核算工作的开始(吴水澎和叶少琴，2011)。原始凭证在经会计人员核查确认无误后，通过分类、整理和编写，形成格式统一的记账凭证，并在背后附上原始凭证(吴水澎和叶少琴，2011)。从原始凭证到记账凭证的过渡，完成了会计数据的第一次确认(吴水澎和叶少琴，2011)。在会计科目和复式记账的框架下，会计人员将原始凭证中能够被信息系统接收的数据，编制成会计分录，并记入记账凭证中，从而实现会计数据的第一次汇总(吴水澎和叶少琴，2011)。日记账是将记账凭证中的会计信息，按照科目和时间逐一编写、重新汇总而得到的一种账簿。日记账可分为普通日记账和特种日记账两种类型。在我国日常的会计核算工作中，最常用的日记账为现金日记账和银行存款日记账(吴水澎和叶少琴，2011)。分类账簿可分为总分类账和明细分类账。总分类账既可通过对记账凭证进行逐笔登记而形成，也可通过定期汇总而形成。明细分类账是对总分类账的细化和补充，用来提供某一具体经济事项的收支情况。期末，会计人员通过对总分类账中的信息重新汇总至调整前的试算平衡表，再根据调整事项编制调整分录及过账，得到调整后的试算平衡表，用以审核各科目借贷平衡情况，并最终形成财务报表。手工会计信息系统的工作流程是一整套从原始凭证到财务报表的会计循环。原始凭证中的业务数据，通过会计人员的人工筛选和审核，经过记账凭证、日记账、分类账和试算平衡表的多次调整和汇总，得到反映企业财务状况、经营水平和现金流量的三大报表，为使用者的决策提供帮助。

3.2.3　手工会计信息系统的利弊分析

由于手工会计信息系统主要以纸质凭证作为记账媒介，便于区分正、副本，不易被仿制，在一定程度上保障了财务数据的安全可靠。同时，手工会计信息系统不会因为停电等突发故障而影响会计信息的正常处理，因此其适应性较强。

然而，手工会计信息系统也存在着与当下经济环境无法调和的致命缺点。

第一，颠倒的主被动关系。为最大化地发挥信息的决策有用性，信息使用者应根据自身的决策需要，主动地从企业众多的财务数据中选择其所需要的，通过整合和分析做出决策。然而，受人工传递和纸质媒介的限制，手工会计信息系统仅能借助会计人员对原始数据进行选择和汇总，再将已经加工过的信息单方向地传递给使用者。因此，手工会计信息系统下的信息使用者成为会计信息的被动接受者，无法根据自身的需求主动参与信息的获取、加工和传递。

第二，会计信息的滞后性。随着全球经济的不断发展，交易量呈现不断增加的趋势。然而，手工会计信息系统却无法跟上业务发生的步伐。首先，手工会计信息系统主要依靠手工填写的方式对会计信息进行传递，因此传递的速度较慢。其次，手工信息系统为信息的传递设置了多个环节，如记账凭证、日记账等，数据只能按照既定的规范在各环节中进行逐一传递，影响了需求者获取信息的时效性。同时，多重环节的设置也增加了信息处理的人工成本。最后，信息的非实时处理也是导致手工会计信息系统时效性较差的原因之一。受企业各业务部门信息系统兼容性较差的影响，手工会计信息系统无法实时地从业务部门获取经济数据。只能等到业务部门在业务完成后，将数据传递给财务部门，再经由会计人员的审核、编制进入会计信息系统，并于会计周期结束时在财务报表中进行呈报。因此，对于信息需求者来说，财务信息的获取严重滞后于经济业务的发生。然而，使用者的决策是即时的、连续的，以及不受会计周期制约的。所以，手工会计信息系统数据处理的滞后性，影响了会计信息的及时性，继而限制了信息决策有用性的发挥。

第三，信息含量的缺失和冗余。缺失主要表现在以下三个方面。首先，手工会计信息系统仅能反映用货币计量的信息。复式记账法下的原始凭证，必须包含明确的、可靠的货币信息，那些对企业非常重要，但无法用货币计量的信息则无法进入信息系统(吴水澎和叶少琴，2011)。这一局限性从源头上造成了手工会计信息系统下财务信息的缺失，限制了使用者所得到的信息的种类和数量。其次，尽管会计信息有多重核算方法，如用于固定资产折旧的年限平均法和双倍余额递减法，但出于对人工成本的考虑，手工会计信息系统仅能选定一种方法对信息进行核算，降低了会计信息的相关性。最后，手工会计信息系统的核心思想是价值法会计理论，这就决定了该信息系统的最终产物仅是三张报表，其所包含的也是经过汇总的、综合性的数据(陈虎，2005)。Ijiri(1967)曾指出，任何汇总过程都会引起信息的损失。按这样一种方法得到的汇总报表，不仅从广度上限制了更多信息的披露，也从深度上限制了对交易本来面目的还原和重构，造成使用者预测的失准，影响会计信息决策有用性的发挥。而在信息冗余方面，由于手工会计信息系统依靠人工手段对信息进行处理，为减少或避免在这一过程中发生的人为错误，系统为此设置了多个流程(如从原始凭证到日记账，从日记账到分类账)，通过对信息进行不同方式的汇总，保证数据的平衡和准确(陈虎，2005)。然而，这样一种保证机制最终会造成数据的重复存储和冗余，影响系统运行的有效性。

3.3　电算化会计信息系统

3.3.1　电算化会计信息系统的界定

随着20世纪50年代第一台带有记忆功能的电子计算机的出现，计算机逐渐参与到会计信息系统的日常运作中，推动着会计信息系统的发展。在计算机技术发展的初级阶段，形成了由手工会计信息系统到电算化会计信息系统的过渡。电算化会计信息系统是指，在电子技术的支持下，通过计算机来代替手工会计信息系统下的人工核算过程，实现从记账凭证到会计报表的电子化流程的一种信息系统。电算化会计信息系统是会计界首次尝试将日益发展的信息技术与传统的会计工作结合在一起。

3.3.2　与手工会计信息系统的相同点和不同点

尽管电算化会计信息系统融入了计算机技术，但也仅仅是对手工会计信息系统人工部分的初级电子化模拟，它与手工会计信息系统有很多相同的地方。第一，两者的目标相同，都是通过对信息的采集、储存和加工，为使用者输出对其决策有用的信息；第二，两者遵循相同的会计理论，都是以价值法会计理论为基础的传统会计信息系统的组成部分；第三，两者依据的会计制度相同，都是在复式记账法的基础上，以会计恒等式为标准汇总信息；第四，两者的流程相同，都经历了从原始凭证、记账凭证、日记账、分类账、试算平衡表到财务报表的过程。

电算化会计信息系统与手工会计信息系统主要有以下三点区别：一是信息生成方式的不同。手工会计信息系统是通过人工方式对会计进行核算，而电算化会计信息系统则是在会计人员将原始凭证中的数据编写成记账凭证输入计算机后，通过已预置在计算机中的程序，来完成信息的汇总和各账簿(如日记账、分类账和试算平衡表)的编制，并最终生成财务报表。二是信息保管方式的不同。采用电算化会计信息系统后，会计信息主要存放于以磁盘为主的磁质媒介中，需要依赖计算机才能读取其中的信息。三是会计人员的分工不同。由于计算机程序取代了原有的人工核算，会计人员的岗位需进行相应的调整，以更好地适应电算化会计信息系统。

3.3.3　电算化会计信息系统的利弊分析

与手工会计信息系统相比，电算化会计信息系统在以下方面有了一定的进步。首先，由于电算化会计信息系统可通过计算机自动完成数据处理等流程，降低了以往人工结转时的时间消耗，在一定程度上缓解了会计信息的及时性问题。同时，这一转变也减少了以往处理信息时的人工参与，降低了发生人为错误的可能性，从而提高了会计信息的准确性。

正如 Henderiksen and Brede(1992)所述，电算化会计信息系统与手工会计信息系统并没有本质上的差异，它只是为帕乔利(Pacioli)的思想穿上了信息技术的外衣，将手工系统下的纸张、笔墨和算盘，变成了计算机中的既定程序。因此，电算化会计信息系统仍然无法规避手工系统下的缺陷。具体来说，会计信息只能被单方向传递，使用者依然处于被动接受信息的地位；电算化会计信息系统下的各子系统(如工资核算子系统、成本核算子系统)之间的兼容性较差，彼此之间相互孤立，无法实现与企业内部其他系统的信息沟通与共享；信息系统的最终产物，依然是遵照通用会计准则编制的财务报告，不能满足使用者的特殊需求，因此，会计信息的相关性无法得到实质的提高。

3.4 XBRL 的产生与沿革

手工会计信息系统和电算化会计信息系统都是依托于价值法会计理论的传统会计信息系统。它们以会计科目和复式记账法为基础，以信息的决策有用性为目标，通过人工或电算化的核算方法，为外部信息使用者提供有助于其经济决策的信息。然而，在实际操作中，传统会计信息系统下固定的凭证种类和不变的账簿格式，使其并没有如预想的那样，很好地完成会计目标。虽然较手工会计信息系统相比，电算化会计信息系统有了一定的进步，但它也仅仅是手工系统的高度仿真，并没有从本质上改变手工系统的结构，没有令信息系统有脱胎换骨的变化。

如果将传统信息系统比作一艘古老的大船，经历了几百年的惊涛骇浪，这艘大船显然已不适宜在今天的环境下继续前行；与其花巨资维护和改造，何不选用最新的材料另造一艘(薛云奎，1999)？美国注册会计师协会(AICPA)主席 Mednick(1988)曾指出，我们正处在信息技术变革的中心，这一变革将会对我们社会生活的方方面面产生巨大的影响。正是在这样一个背景下，一个依托于信息技术的新型财务信息生成和报送系统——XBRL 应运而生。

3.4.1 XBRL 产生的前提

XBRL 财务报告的应用依托于两大前提：一是网络财务报告的广泛使用；二是已有网络财务报告的缺欠。

首先是网络财务报告的广泛使用。随着互联网技术的不断发展和传统财务报告方式的局限性，越来越多的企业选择通过网络来披露自己的财务信息。早在 1984 年，美国证监会(SEC)就开展了针对网络财务报告应用的实践工作，并从 1995 年起要求所有的上市公司通过网络对外披露其电子版财务报告。Lymer et al. (1999)在一份提交给国际会计准则委员会(IASC)的报告中，将网络财务报告分成三个阶段，其中第一阶段是最简单的网络财务报告，即通过复制的方法将纸质版财务报告电子化；第二阶段是提供基于 HTML 格式的电子财务报告，并为使用者提供数据的下载和超链接功能；在第三阶段，网络财务报告不仅包括印刷版财务报告中的常规信息，还可提供经扩展的、较复杂的信息。该报告在调查了全球 22 个国家的 660 家公司后指出，现阶段，大部分国家的电子报送水平还处于第一和第二阶段。Deller et al.(1999)对比了美国、英国和德国企业网站建立的情况，得出三个国家的企业建立网站的比例分别为 95%、85%和 76%，其中超过 90%的美国公司借助网站从事与投资者关系相关的活动，并将其视为企业的战略之一。美国财务会计准则委员会(FASB)在 2000 年的一份报告中指出，在福布斯榜排名前 100 名的企业，有 99 家拥有自己的网站；同时，在这 99 家企业中，又有 93%的企业在其网站中披露有关财务和投资者关系的信息。[①] 我国也于 1999 年开始了财务报送的电子化进程，鼓励上市公司在指定的网站上发布年度财务报告。随着上市公司数量的逐渐增加，自 2000 年以来，约有 77%的上市公司在互联网上建立了自己的官方网站；且有 14%～17%的企业通过自己的主页披露了以年报和中报为主的财务信息(张天西等，2003)。由此可见，基于互联网络的电子化财务报告，必然会成为财务报送领域的发展方向。

其次是已有网络财务报告方式的缺欠。已有的网络财务报告，通常是以 HTML 和 PDF 格式进行呈报的。然而，以上两种格式的缺欠，制约了它们的持续使用(Debreceny and Gray，2001；赵惠芳等，2005)。一是无法统一的数据格式。文件的自动化处理，可以减少处理过程的人力、物力成本消耗，提高信息的处理效率。然而，自动化的处理流程必须要求统一的数据格式。在 HTML 格式下，将数据从原始文件过渡到 HTML 文件时需要进行一次格式转换；当使用者通过不同的浏览器进行访问时，还需要根据浏览器的要求，再次进行格式的调整。频繁的数据格式转换不但增加了出现错误的概率，而且加大了使用者通过网络获取会计信息的难度。二是静态的数据形式。以 HTML、PDF 格式呈报的财务报告仅仅是纸质版报告的电子文本，其所包含的信息是静态的，使用者依然无法到达更具体的信息节点，对个别信息进行提取和分析，因此不能实现真正意义上的电子数据交换。基于以上 HTML 格式和 PDF 格式网络财务报告存在的问题，使用者对 XBRL 的问世和应用产生了强烈的需求(张天西和杨海峰，2004)。

除了格式上的不足，现行的网络财务报告体系还存在“无法可依、无章可

---

① 资料来源：http://www.fasb.org/jsp/FASB/Document_C/DocumentPage&cid=1175801856611。

循”的问题。到目前为止，监管部门或相关机构还没有明确地提出一个可以依据的网络报告准则或规定，这使得各个公司根据自身的喜好设置披露模式、披露策略和披露方法，增加了使用时的难度和复杂程度。

XBRL 正是在这样的前提下得以产生和发展的。作为一种网络财务报告方式，XBRL 摒弃了 HTML 和 PDF 文件下数据格式及形态上的缺欠，实现了真正意义上的电子数据交换；作为一个全球性的操作规范，XBRL 提供了一个标准化的技术流程，使得各国报告都可通过同一流程生成，从而规范了网络报告的呈报；作为一门通用的计算机语言，XBRL 为跨平台、跨操作系统的信息交流搭建了桥梁，促进了国际的商贸沟通与合作。

3. 4. 2 XBRL 产生的条件

1. 技术条件

IT 的进步为信息化会计信息系统的产生提供了条件。从 20 世纪 40 年代第一台电子计算机的诞生，一场以信息技术为核心的革命逐渐兴起。这一革命先后经历了微机革命、数据库革命和网络革命三个阶段，为信息化会计信息系统的产生提供了充足的技术支持。

第一，微机革命。继第一台电子计算机问世后，IBM 公司先后推出了 8086、286、386、486 和奔腾等一系列机型，为信息技术的发展奠定了良好的硬件条件。Intel 公司研制的第二代到第四代微处理器，也为这一革命带来了其发展的高潮时期。

第二，数据库革命。除了硬件条件的提升，信息技术革命同样带来了软件技术的发展。操作系统由 DOS 系统更新为 Windows 系统，数据库管理也从最初的文件管理，发展为日后具有强大数据处理能力的面向对象数据库、数据仓库等新技术。

第三，网络革命。20 世纪 90 年代 Internet 和信息高速公路的产生，缩短了事物间的距离，加快了信息的传递和沟通，将全世界连接成一个地球村。总之，计算机技术和通信技术的发展为信息化会计信息系统的产生提供了坚实的技术保障。

2. 理论条件

20 世纪 50 年代以后，随着全球经济的飞速发展和信息技术的广泛应用，传统会计理论存在的不可修复的问题，也为越来越多的人所诟病。在这种情况下，学者们开始了对会计理论的新一轮探索。1969 年，美国会计学教授 Sort-

er 在“An ‘Events’ Approach to Basic Accounting Theory”一文中，首次提出了一种全新的理念——事项法会计理论，这一文章的发表翻开了会计理论研究的新篇章。事项法会计理论是假设外部信息使用者的需求不可知，会计人员的任务是提供那些在各种可能的决策模型中会用到的、有关企业经济事项的原始信息，使用者根据自身的需求对信息进行选择和加工，从而得到对其决策有用的信息。Johnson(1970)在 Sorter(1969)的基础上，对“事项”进行了更明确的定义。他将事项分为“真实事项”(Real Event)和“公开事项”(Publication Event)，其中“真实事项”是指披露前行为的某些可观察到的特性，属于事项理论的范畴；而“公开事项”则是指报表中所披露的事项，或是根据过去的事项推断出的结果，属于价值理论的范畴。从此，会计理论界开始了对事项法会计理论的一系列研究，并逐渐在信息技术的支持下寻求事项法会计的实践之路。

价值法会计理论和事项法会计理论在内容上主要有以下几点不同：

第一，基本假设不同。价值法会计理论假设信息使用者的信息需求是已知的，会计人员根据推断的决策模型，提供他们认为最能体现企业价值的信息。然而，决策者的决策模型多种多样，不同的使用者对同一信息的反应也不尽相同。因此，事项法会计理论则强调，会计的任务是为各种可能的决策模型提供相关的经济事项数据，再由决策者根据自身的需求，自主选择所需的信息，以帮助他们做出经济决策。

第二，获取信息范围不同。价值法会计理论仅关注企业与会计有关的事项，信息的获取范围较窄。而事项法会计理论关注的是所有可能与使用者决策相关的经济活动，信息的获取范围较广，有利于决策者更全面地了解企业的情况。

第三，会计信息的汇总程度以及真正的信息汇总者不同。在价值法会计理论下，会计人员担任了信息汇总者的角色。他们根据主观判断，将汇总、整合后的信息提供给决策者。事项法会计理论则将整合信息的权利交还给了使用者，即会计人员仅提供有关交易事项的最原始的数据，使用者根据自身的需要对信息进行剪裁，并决定各个数据在决策中所占的比重。比如，价值法愿意直接提供企业净利润的信息，而事项法则更倾向于提供销售收入、销售成本和税费等汇总程度较低的信息。

第四，计量属性不同。价值法会计理论采用重历史计量而轻其他的计量属性。尽管历史成本能为使用者提供可靠的信息，但是由于其仅反映交易的某一方面，且缺乏相关性，在决策时也很难真正地发挥作用。与之不同的是，事项法会计理论提供多重计量属性，使会计信息不仅能反映过去，还能面向现在和未来。

第五，计量方式不同。价值会计仅提供基于货币形式表现的信息，事项会计能同时披露用货币和非货币方式计量的信息。比如，随着经济环境的变化，诸如知识产权和人力资源等无形资产已逐步取代实物性资产，成为衡量企业价值的主要因素。然而，由于这些无形资产的价值很难用货币来计量，价值会计便缺乏对这些重要资产的度量，其资产负债表中的总资产已不能代表企业真实的市场价值。

第五，信息提供时间不同。受系统模式的限制，价值法会计必须经过记账、过账和报账的过程。使用者需等到会计期末才能获得信息，使得信息获取时点与业务发生时点严重脱节。而事项法会计在互联网技术的帮助下，可直接通过网络获取业务数据，实现会计信息的实时披露。

第六，信息内容不同。在价值法会计理论下，企业根据通用的会计准则编制资产负债表、利润表和现金流量表。所有的使用者，无论其年龄、学历、所选择的决策模型和将要做出的决策类型，收到的都是相同的信息，使用者个性化的信息需求无法得到满足。而在事项法会计理论下，会计人员为使用者提供了所有可能对决策产生影响的信息，使用者再根据自己的需求进行选择，在一定程度上解决了价值法会计理论下存在的问题。

第七，所依托的技术条件不同。价值法会计主要通过手工和简单的计算机程序对信息进行处理，所要求的技术水平相对简单。与之不同的是，由于事项法会计提供的是汇总程度较低的、通过多种计量属性和计量方式生成的信息，信息量很大，这就必须依托大型的数据库和实时访问系统等强大的信息技术，才能保证事项法会计理论的实施和应用。

通过以上对两种理论的对比分析可知，相对于价值法会计理论，事项法会计理论在理论基础、整体思想和主体内容等方面都有较大的进步，更符合使用者的利益，也更利于决策有用性会计目标的实现。因此，事项法会计理论会逐步取代价值法会计理论，成为指导会计实践的主要思想。

IT 的发展和事项法会计理论的提出，是信息化会计信息系统产生的两大条件。其中，前者为后者提供了技术支持，后者为前者提供了理论依据。二者相互作用，共同促进了信息化会计信息系统的产生。而 XBRL 技术在一定程度上更好地体现了事项法会计理论的思想。

3.4.3 XBRL 技术框架与工作流程

1. 技术框架

XBRL 技术框架主要包括四部分：XBRL 技术规范(Specification)、XBRL 分类标准(Taxonomy)、XBRL 实例文档(Instance Documents)和样式表(Sheets)。其中，技术规范是架构的基础，分类标准是架构的核心。

XBRL 技术规范规定了在定义各信息元素标记、描述各标记间关系时需要使用的统一词汇和语法，以及在制定分类标准和实例文档时需要遵循的规则(例如，如何对分类标准中的标签进行定义)。技术规范由 XBRL 国际组织统一制定，需要各国分类标准和实例文档制定者的共同遵守。现行的技术规范包括 XBRL 2.1 规范、财务报告分类标准架构 1.5 规范和维度 1.0 规范，以及其他补充文件(应唯等，2013)。

XBRL 分类标准是不同国家、行业或部门按照 XBRL 技术规范的要求，依据本国的会计准则、自身的行业和部门特点制定的，适用于本地区、本行业或本部门的财务报表中各项目的集合。XBRL 分类标准由一个模式文件和五个链接库文件组成。[①] 模式文件描述了项目及其属性方面的信息。五个链接库文件分别为定义链接库、标签链接库、计算链接库、列报链接库和参考链接库，其中定义链接库和计算链接库相互呼应，分别从文字概念和数学计算两个角度定义了报表中各个元素之间的关系；标签数据库为每个元素赋予了一个特定的标签，这一标签也是最终在财务报告中所显示的名字；列报链接库通过“parent-child”关系线，描述了同一父项下每一个子项在财务报告中的列示顺序；而关于元素的其他参考信息，如定义、披露要求等，则在参考链接库中显示，以帮助使用者更全面地了解报告信息。由国际会计准则理事会(IASB)发布的 IFRS 分类标准是现阶段较权威的分类标准。在国际会计趋同的背景下，为实现与国际标准的无缝对接，方便国际交流与合作，许多政府、行业或机构都选择以 IFRS 分类标准架构为基础，再根据自身的情况对其进行扩展，继而形成自己的分类标准。这也正是 XBRL“可扩展”的真正意义所在。我国 CAS 分类标准就是在 IFRS 分类标准架构的基础上，根据中国会计准则的要求进行相应的扩展而形成的一个国家级的分类标准，它既实现了同国际标准的趋同，又符合我国的现实国情。

---

① 链接库是指所有扩展链接的集合(资料来源：XBRL 中国.(2012).《链接库》.[Online]. Available at http://app.news.esnai.com/?app=system&controller=esnai&action=baikecontent&id=17216[2012. April 25])。

企业按照XBRL技术规范的规定，通过相关程序将分类标准中的信息进行自动提取，便生成了XBRL实例文档。实例文档的表现形式是一串计算机代码，而实质却是一整套财务报告数据。不同行业或机构也可根据自身的需求，对原有的分类标准进行扩展，并根据XBRL技术规范和已扩展的分类标准生成实例文档。

样式表定义了一系列实例文档可显示的格式。由于实例文档是一整套计算机语言，本身不包含任何格式信息，因此不宜用于直接阅读。这就需要借助计算机，利用样式表对实例文档进行格式化处理，将其转化为使用者所需的各种文件格式。由此可见，实例文档仅需一次性生成，便可供样式表无限次使用，以满足各种报告格式的需求。

2. 工作流程

XBRL工作流程可分为内部报告流程和外部报告流程两部分(吕志明，2012)。内部报告流程是指，企业根据内部XBRL分类标准，对其发生的各项经济业务进行确认、计量，并生成实例文档，以供内部信息需求者(如管理层、内部审计人员)的使用。外部报告流程是指，企业按照通用的XBRL分类标准(如我国企业选择CAS分类标准)，在相关应用程序的作用下，生成载有财务信息的XBRL实例文档。在得到审计师的批准和董事会的同意后，该实例文档通过相关平台进行对外披露，外部使用者再根据自身的格式需求，利用样式表对实例文档进行格式化处理，最终得到所需格式的财务报告，以满足其决策有用性的需求。不论是内部报告还是外部报告，均需按照XBRL技术规范的要求完成。由此可见，XBRL技术框架的各部分有机地结合在一起，形成了一整套基于网络技术的电子化信息生成和报送流程，以满足内、外部使用者的信息需求。

3.4.4 XBRL与会计信息质量

XBRL电子化的工作流程，使其全面地提高了会计信息质量。

第一，XBRL分类标准的可扩展性提高了会计信息的相关性(Zabihollah and Turner，2002)。首先，使用者的决策各不相同，信息需求也千差万别。依据会计准则所编制的通用分类标准仅能提供具有共性的信息，无法满足决策者特殊的信息需求。XBRL的可扩展性解决了这一问题。报告主体和信息需求者可通过对通用分类标准进行扩展，自行增加决策所需元素，形成适合自己的一套分类标准。比如，“利润总额”是一个通用的概念，在通用的分类标准中进行定义；而“应纳税所得额”是税务部门所需的特定信息，税务部分就可在其分类标准中扩展这一概念，并在实际工作中获取这一信息。[①] 其次，XBRL 报告良好的伸缩性和数据挖掘功能，提高了会计信息的相关性。伸缩性是指既能从汇总的信息向下延伸至具体的信息，又能从具体的信息向上推送至汇总的信息。传统报告模式的弱延伸性，使其仅能提供经高度汇总的信息，而无法延伸至更具体的部分。XBRL 财务报告良好的伸缩性使得需求者不仅可以获得综合信息，还可以通过对数据的纵向挖掘获得细节方面的信息，并根据需要，在综合信息和细节信息之间进行来回地切换。由此可见，XBRL 有助于使用者找到其决策所需的信息，从而提高会计信息的相关性。最后，XBRL 具有多维描述功能，能采用不同的计量属性对报表中的同一项目进行描述。比如，对某一项资产，既可用历史成本来计量，也可用公允价值来计量。这一特征有助于满足不同使用者个性化的信息需求，也能使决策者更全面、多角度地了解企业的经营状况，从而做出合理的决策。因此，XBRL 技术的应用提高了会计信息的相关性，有助于会计信息决策有用性目标的实现。

第二，XBRL 的应用提高了会计信息的可靠性和准确性。XBRL 样式表的出现，使得同一份实例文档可以自动转化为不同格式的财务报告。这一优势实现了所有报告的一次性编制，化简了以往信息提供者根据不同用户编制不同报告的复杂过程，降低了在这一过程中发生错误的可能性。同时，XBRL 技术拥有跨平台优势，即可在不同用户的不同操作系统下进行无约束的跨平台使用。这就使得信息使用者可直接在自己的操作平台下，在线分析或下载所需格式的报告，而无须进行数据的再次转换和处理，从而降低了错误发生的概率。此外，XBRL 技术为财务报告生成的每一个步骤都提供了一致性校对环节，以确保前后信息的真实可靠。因此，基于 XBRL 的财务报告模式提高了会计信息的可靠性和准确性。

第三，在 XBRL 条件下，会计信息的及时性也有了一定程度的提高。会计信息的及时性主要体现在编制者提供信息的速度以及需求者获取信息的快捷程度。XBRL 技术通过其电子化的信息生成和报送流程，实现了对信息及时性的改善。从信息提供者的角度来看，XBRL 可对不同信息使用者相同的数据需求进行统一的标记，摒弃了以往因各使用者所需格式的不同所导致的相同信息重复编报的过程，提高了会计信息的生成速度；从信息使用者的角度来看，使

① 资料来源：http://app.news.esnai.com/?app=system&controller=esnai&action=baikecontent&id=17271。

用者可直接通过样式表获得所需格式的报告，避免了数据的二次转换过程；同时，使用者还可通过查询功能直接定位所需信息，避免了原有的人工搜索和筛选，从而提高了会计信息的获取效率。

第四，XBRL 的应用改善了会计信息的可比性。首先，由于 XBRL 对数据进行了标准化处理，因此使用者可直接对数据进行跨企业、跨行业及跨年度的横向和纵向比较。其次，使用者还可将数据下载到相关的 XBRL 应用软件中，通过软件对信息进行更深层次、更多样化的对比和分析(如通过图表的方式进行展示)。由于这一过程可通过软件自动完成，以往花费在这一部分的人力成本也得到了相应的减少。最后，XBRL 报告平台不仅披露了数字方面的信息，还披露了各元素的相关文字信息(如某一项目的具体会计政策)。这就扩展了信息的可比范围，使使用者能够从政策选择等更宏观的角度，对信息进行对比分析。

第五，XBRL 改善了会计信息的可理解性。依托强大的软件平台，使用者可通过超链接功能，在不同报表、同一报表的不同项目，以及报表项目与附注间进行随时的切换和查阅。这种更清晰的界面设置、更丰富的信息展示以及更灵活的信息获取，使得需求者能够更清楚地了解会计信息的内涵以及各信息之间存在的相关关系，从而提高会计信息的可理解性。

3.5 本章小结

依托于价值法会计理论，传统会计信息系统经历了由手工会计信息系统至电算化会计信息系统的发展过程，它们通过人工或电算化的核算方法，为各类使用者提供其决策所需的信息。然而，以上两种会计信息系统自身存在的缺欠使它们无法很好地适应逐步发展变化的经济环境。在事项法会计理论的引导下，随着信息技术的不断发展和网络财务报告的广泛应用，一种新型的财务信息编报方式——XBRL 应运而生。它通过独特的数据处理方式，改善了会计信息在企业内部，以及企业与外部信息使用者之间的生成、编报、传递和处理流程，从相关性、可靠性、准确性、及时性、可比性和可理解性等方面提高了会计信息质量，从而更好地帮助使用者进行经济决策。

第 4 章
理论基础与制度背景分析

4.1　基于决策有用观视角

作为会计信息系统的最终产物，财务报告目标的实现是会计赖以生存的基石。国内外会计理论界共形成了两种财务会计目标的观点，即"受托责任观"和"决策有用观"。每一种会计目标的形成和存在都依托于当时的经济环境和发展水平，而随着经济环境的不断变化和资本市场的不断发展，"决策有用观"受到了越来越广泛的关注和重视。会计信息质量的提高，有助于满足决策过程中的信息需求，更好地发挥其决策有用性的作用效果，从而帮助使用者提高决策效率。

4.1.1　财务会计目标——受托责任观和决策有用观

"受托责任"一词最早为宗教用语，后被用来描述欧洲中世纪时期管家与庄园主之间的关系，并随着股份制公司的出现和现代产权理论的发展而逐步兴盛起来。所有权和管理权的分离是受托责任观得以存在的原因。在受托责任观下，财务会计充当了委托人与受托人之间的媒介，并在会计准则的框架下，向委托人如实地报告有关受托责任履行情况的信息。这类信息包括：受托责任履行的过程和结果、受托资源保值和增值的情况以及社会责任履行情况的信息。

20 世纪 70 年代以后，随着资本市场的不断发展和中小投资者的不断涌入，企业内部高度集中的股权开始变得分散，原有清晰、明确的代理关系也逐渐模糊。相对于以往对受托资源管理情况的关注，此时信息使用者更关注那些反映企业未来风险收益水平、获利能力等对决策有用的信息，以帮助他们提高决策效率。因此，决策有用观逐渐走进人们的视线。

1970 年 10 月，隶属于美国注册会计师协会(AICPA)的会计原则委员会(APB)在其第 4 号公告——《企业财务报表所依据的基本概念和会计原则》(Basic Concepts and Accounting Principles Underlying Financial Statements of Business Enterprises)中指出，为报表使用者提供其经济决策所需的信息是财务会计的基本目标(美国会计学会，1991)。尽管“决策有用性”并非 APB 第 4 号报告中对会计目标的唯一衡量标准，但准则制定机构从“受托责任观”到“决策有用观”的过渡，标志着实务界对财务会计目标的根本转变(Anton，1976)。由罗伯特·特鲁布拉德(Robert Trueblood)负责的，隶属于美国注册会计师协会的研究组于 1973 年发布了《财务报表的目标》(特鲁布拉德报告)，首次明确阐述了财务报告的十二项目标，并指出其基本目标为提供具有经济决策有用性的信息，其他目标则是在这一基础上的补充和说明。[①] 美国财务会计准则委员会(FASB)在其 1978 年发布的“财务会计概念公告”(SFAC)第 1 号文件《商业企业财务会计目标》[②]中，进一步描述了会计目标的决策有用观，并提出以下三点内容：第一，财务报告应为企业现有的和潜在的投资者、债权人以及其他使用者提供对其投资、信贷等相似决策有用的信息。同时，所提供的信息应该具有可理解性，即对于那些对经济行为有一定了解且有意愿获取、分析更多信息的使用者，信息是可以被理解的。第二，财务报告应提供有关企业未来净现金流量金额、时点及不确定性等方面的信息，从而帮助现有的和潜在的投资者、债权人以及其他使用者评估其预期股利或利息收入、证券出售、赎回或到期所得以及贷款清偿所获现金的金额、时点和不确定性。第三，财务报告应提供有关企业经济资源及其所附权利，以及使得该项资源和权利发生改变的各种业务、事件和情况的信息。这一文件的发布标志着对会计目标的研究已逐步从理论转向实践(吴君民、魏晓卓和丁俊，2011)。国际会计准则委员会(IASC)于 1989 年发布了《财务报表编制和呈报框架》，明确提出了以决策有用为主、受托责任为辅的财务报表目标，即财务报表的主要目标是提供有关企业财务状

① 资料来源：许家林，《会计理论发展通论》(上册)，北京，经济科学出版社，2010。

② 资料来源：FASB.(1978). “Objectives of Financial Reporting by Business Enterprises”. SFAC(Statement of Financial Accounting Concepts No.1). [Online]. Available at: http://www.fasb.org/pdf/aop_CON1.pdf。

况、业绩表现及其财务状况变化的信息，以帮助使用者进行经济决策；而提供那些反映受托责任履行情况的信息也是为了更好地实现信息的决策有用性。①

在国际会计趋同的背景下，国际会计准则理事会(IASB)与 FASB 在 2006 年 7 月联合发布了《财务会计概念框架：财务报告目标与决策有用的财务报告信息的质量特征(初步意见)》②，明确地提出了财务报告目标的决策有用观，即通用财务报告的目的是帮助现有的和潜在的投资者、债权人制定合理和高效的资源配置决策。

4.1.2　中国财务会计目标的研究与界定

我国对财务会计目标的研究，主要集中在 20 世纪 90 年代以后，与西方国家相比相对落后(许家林，2010)。2006 年 2 月 15 日，我国财政部发布了《企业会计准则——基本准则》，首次正式、明确地提出了我国财务会计报告的目标，即通过提供有关企业财务状况、经营业绩和现金流量等方面的信息，反映管理者经管责任的履行情况，帮助信息使用者做出经济决策(中华人民共和国财政部，2006)。该准则对财务会计目标的表述，符合我国当前的经济环境。现阶段，国家机关、各金融机构以及其他管理型投资人是我国主要的会计信息需求者，因此，提供他们所需的受托责任履行情况的信息，将在一定时期内成为我国财务报告的主要目标；同时，随着我国资本市场的不断发展，职业投资人比例的不断增大，企业应逐步增强财务报告的决策有用性，从而帮助职业投资人做出有效的决策(财政部会计准则委员会，2005)。

4.1.3　XBRL 的决策有用性

企业的关键在于管理，管理的关键在于决策。任何决策都是一个完整的动态过程，是指为达到既定的目标，通过科学的方法在已掌握的信息和经验的基础上进行分析、推理、判断，决定并在最后做出反馈的过程。每一个决策过程都包括事前、事中和事后三部分。其中事前包括发现问题、拟订方案并做出决定；事中包括决定执行过程中的跟踪和监督；事后包括决定执行后的反馈。决策的过程充满风险和不确定性，要想做出合理的决策，信息的参与必不可少。现代决策理论的创始人 Simon 曾指出，信息的作用是消除风险和随机性，它

① 资料来源：http://wenku.baidu.com/view/eb8d79687e21af45b307a8cf.html。

② 资料来源：http://www.fasb.org/pv_conceptual_framework.pdf。

是贯穿整个决策过程的重要元素，也是决策合理与否的命门所在(王鸿春和周灿，2006)。Scott(2009)也曾指出，在不确定性环境下，会计信息的作用在于为使用者提供更多与决策相关的信息以修改之前的判断，继而进行更好地决策。因此，在不确定环境下，信息的质量决定着决策的质量，应将信息参与到决策的每一个步骤中去，从而达到最佳的决策效果。

1. 事前

问题的发现是一个决策过程的开始，只有发现了问题，决策者才能拟订解决方案，并进行后续的处理。然而，问题的发现和方案的提出并不是凭空臆想出来的，它是经多种渠道获取信息后，在不断分析、比对的基础上形成的。由此可见，信息是发现问题和拟订解决方案的前提和媒介。决策者只有借助这一媒介，才能明确问题、发现差距，进而做出相应的改进。而在这一过程中，信息的准确性和及时性又显得尤为重要。决策者需要借助准确的信息来了解企业当下的内、外部环境，评估自身的优势和劣势，找到症结的真正所在，做到对症下药、有的放矢。而错误的信息不仅会加大决策的难度，还会引起决策者的误读和误判，造成事倍功半的后果。

XBRL 的应用满足了决策的这一信息需求。它通过通用的计算机语言和标准化的数据格式，避免了以往格式转换过程中可能出现的错误，确保信息能够如实地反映企业当前的运营状况，从而从源头上保障决策的合理性。

2. 事中

决策的事中部分包括对决定实施过程中的跟踪和监督。随着外部环境的变化，以及自身人力、物力和财力的消耗，企业在生产经营过程中难免会发生预期计划与客观环境不相符的情况。这就需要决策者对决定的实施进行随时的跟踪，根据过程中反馈出来的信息，调整方案计划。而在这一过程中，信息反馈的及时性起到了十分重要的作用。唯有及时的信息，才能使管理者随时掌握决定的实施情况，发现新的机遇或找到这一过程中存在的偏差，并通过方案的及时调整和修改来保证决定的执行效果，减小或避免因时间延误而造成的损失。因此，及时的信息是决策者进行有效跟踪和监督的前提，也是决策能够合理、高效的保证。

XBRL 技术的采用提高了会计信息的及时性。其电子化的信息传递过程，缩短了信息从产生到获取之间的时滞，使得管理者能更快地了解到企业的最新动态；同时，XBRL 模式还提供了查询功能，避免了以往“大海捞针”似的搜索过程，加快了使用者定位所需信息的速度。因此，XBRL 通过改善会计信息的及时性，帮助管理者进行跟踪和监督，从而保障决策的实施效果。

3. 事后

尽管是决策过程的最后一步，但事后反馈在整个决策过程中仍然占据着不可或缺的地位。心理学中将反馈视为对结果的学习，即通过对过去行为的客观评价，吸取相关的经验，剖析存在的不足，以更好地进行下一次决策。反馈的过程可通过对结果的对比分析来完成。在企业管理中，管理者既可将某一决策的结果与前期或后期相同决策的结果进行纵向比较，也可将某一决策的结果与同行业其他企业的同期结果进行横向比较。因此，在这一过程中，信息的可比性起到了至关重要的作用。

XBRL 的应用完善了会计信息的可比性。从广度上，XBRL 模式使决策者可以对大样本数据进行横向（如跨企业、跨行业）和纵向（跨时间）的比较；从深度上，XBRL 相关分析软件可对信息进行多角度、多层次的比较。同时，所有的比较分析都可通过 XBRL 分析软件实现，避免了以往模式下烦琐的人工参与，极大地节省了人工和时间成本。由此可见，XBRL 财务报告模式为决策者提供了一种更快捷、更多维、更符合成本效益原则的对比分析途径。将其应用于决策的事后分析部分，能够帮助决策者明确地了解不同结果间存在的差距，分析其存在的原因并进行相应的调整，以更好地进行下期决策。

4.1.4　小　结

决策是指决策主体通过资料的收集和方案的实施，以达到某一既定目标的过程。决策是人类活动的基本组成部分，是人类得以生存和发展的基础。它贯穿于生活的每一个部分，从家庭开支到工作安排、从企业管理到科学研究、从医疗方案到军事指挥，虽然表现形式不同，但实质都是一个个决策的制定和完成过程。决策包括事前的发现问题、拟订方案，事中的跟踪和监督以及事后的反馈三大部分。每一部分都需要信息的参与，从而达到预期的目的和效果。换句话说，信息是决策的基础，无论哪一种决策都离不开信息的支撑和帮助。

根据贝叶斯决策理论，在不确定性条件下，决策者在决策前有一个先验概率。这一概率是通过对目前所掌握的信息，进行主观判断而得到的。然而这一概率所反映的是企业过去的信息，无法代表企业当下的状况。为提高决策的准确性和合理性，在进行最终决策前，决策者还应对企业当前的状况进行调查，从各种渠道获取更多与决策相关的信息，通过贝叶斯定理对先验概率进行修改并形成后验概率，再根据后验概率做出相应的决策。由此可见，决策的制定离不开信息的支撑，那些反映事物当前状况、能够准确修正决策者先验概率的信息，在决策中占据了举足轻重的地位。而在企业的经营管理过程中，会计信息担任着不可或缺的角色，占整个企业经济信息的2/3以上(李涛，1993)。因此，企业经营管理决策的效率和合理性，在很大程度上取决于其会计信息的质量以及其对决策的有用性。

现代会计形成了以目标为导向的发展格局，会计目标既是财务会计概念框架建立的基础，也是会计活动的最终目的。20世纪60年代以前，会计目标的受托责任观占据着重要的地位，该观点认为，在所有权和经营权分离的情况下，财务报告的主要目标是反映企业受托责任的履行情况。然而，随着资本市场的不断发展和股权的日益分散，与受托资本的保值增值情况相比，投资者更关心那些能够反映其投资风险和收益水平的信息。随着会计界对决策有用性信息的认可，美国完成了财务报告目标由受托责任观到决策有用观的转变，于1978年在其财务会计概念公告第1号文件中提出了以决策有用观为主、受托责任观隶属于决策有用观的财务报告目标。此后，国际会计准则理事会也将决策有用观视为首选的财务报告目标。

XBRL财务报告模式的提出符合决策有用观的要求，为在决策有用性框架下如何提高企业财务活动的效率提供了一个新的解决途径。具体来说，它以强大的信息技术为依托，通过标准化的计算机语言、多维的描述空间和电子化的报送流程，从相关性、可靠性、准确性、及时性和可比性等方面提高了会计信息的质量，满足了经营管理决策中各阶段的信息需求，从而提高了企业的决策效率。

4.2 基于信息不对称视角

企业的本质是契约，企业的股东、管理者、债权人以及员工、供应商等都是这一系列契约的参与方(Jensen and Meckling，1976)。各式各样的契约构成了企业的各种决策，契约的签订和执行是企业得以产生和发展的基础。然而，契约双方的信息不对称影响了契约的订立以及最终的实施效果。信息不对称是指交易双方对信息的了解具有一定的差异，拥有信息较多的一方相对于另一方具有一定的信息优势。信息不对称的存在会导致两类问题的产生：一类是道德风险问题；另一类是逆向选择问题。道德风险问题是指，在信息不对称的情况下，处于信息优势地位的一方会在契约执行过程中，利用其信息优势做出损害另一方利益的行为，即存在“隐蔽的行为”问题；逆向选择问题是指在契约签订过程中存在着信息不对称，拥有较多信息的一方会通过披露对自身有利的信息而隐藏不利信息的方式，谋取另一方的利益，即存在“隐蔽的信息”问题。管理层—股东、管理层/股东—外部资金提供者(其中包括管理层/股东—债权人、管理层/股东—股权投资者)是企业两组非常重要的契约方，他们之间的信息不对称所产生的道德风险和逆向选择问题，会影响企业经济决策的效率。

4.2.1　管理层—股东之间的信息不对称

企业所有者和管理层之间的关系是企业内部非常重要的委托代理关系。亚当·斯密早在 200 多年前就意识到，企业所有权与控制权的分离会导致股东和管理者之间的利益冲突。Jensen and Meckling(1976)也指出，作为委托人的股东拥有企业的所有权，而作为代理人的管理层则拥有企业的实际控制权，代表委托人来行使决策，两者都是自身效用的最大化者。然而，管理层与股东之间的信息不对称以及契约的不完备性，产生了道德风险问题，即股东无法指明或直接观察到管理层的实际努力程度，管理层可通过偷懒或其他损害股东利益的行为来实现自身效用的最大化。由管理层和股东之间的信息不对称所引发的道德风险问题，会降低企业经营效率和投资效率。

1. 道德风险与经营效率

企业的经营活动是从产品生产到最终销售的一系列与资金收支有关的过程。道德风险问题在企业经营活动中主要表现为管理层的偷懒和过度的在职消费等一系列败德行为。具体来说，所有者与管理层所追求目标不尽相同，作为委托人的所有者拥有企业的剩余索取权，追求企业利润的最大化，而作为代理人的管理层是自身利益的最大化者，除了追求更高的货币性收益外(如薪水、津贴等)，还试图尽可能更多地享用其他非货币性收益(如更豪华的办公设备、更奢侈的差旅享受)。这就使得经理人员可利用所有者授予的权利，利用企业的资金为自身谋求更多的在职消费，从而损害了公司的价值。李旭红(2003)指出，管理层的在职消费呈现随意性强和过度泛滥等特征，其平均在职消费水平达到薪金收入的 10 倍以上。其次，由于所有者与管理层之间的信息不对称，以及不确定性事件的发生，所有者无法明确或判断管理层的努力程度，这就为管理层的偷懒和卸责提供了可能。比如，管理层在编制销售预算时，不是根据真实的经营能力编制本期的销售计划，而是选择压低这一指标，以便减轻自己的工作强度；或者当企业出现利润下滑或亏损时，管理层将责任推给外部经济环境的不利影响，以隐藏自身的懒惰行为。

2. 道德风险与投资效率

道德风险对投资活动的影响主要表现为投资过度和投资不足两个方面。Jensen(1986)指出，企业内部大量的自由现金流会导致所有者与管理层之间严重的代理问题。具体来说，自由现金流是那些在满足了所有净现值为正的项目所用资金后所剩余的那部分现金流量。管理层有强烈的愿望来扩大企业规模，因为他们可以从企业的扩张中控制更多资源、获得更多收入(Buchanan，1938；Jensen，1986)。因此，当存在大量自由现金流时，即使项目的净现值为负，管理层也倾向于通过投资来打造企业帝国，谋取个人利益。这一行为便会造成企业的过度投资。另外，管理层对自身职业生涯的考虑是造成企业投资不足的重要原因。为避免因投资失败而带来的声誉和社会地位的损失，管理层可能放弃某些投资机会，或者仅选择那些风险低但不是最有利于股东的投资项目。再者，为提高自己的声望、获得更多的报酬，与其选择那些在短期内无法看到效果但从长期来看能够最大化企业价值的项目(如员工培训等)，管理层更倾向于投资那些盈利快、资金回收周期短的项目，从而造成投资不足的现象(Narayanan，1985)。

4.2.2 管理层/股东—外部资金提供者之间的信息不对称

在企业的发展过程中，当内部资金(如留存收益等)已无法满足企业的资金需求时，企业需要对外进行融资。企业对外融资包括两种形式，即债务融资和股权融资。其中，债务融资是指企业依靠借贷的手段，从资金供给者处取得资金使用权的行为，如向银行等金融机构借款。股权融资是指通过出让企业部分所有权而进行筹资的方式，它包括首次公开募股、上市公司增发和配股等方式。作为内部人的管理层和现有股东，通常被认为具有信息优势，即比外部资金提供者更了解企业的经营水平、融资风险以及所面临的投资机会。因此，管理层/股东与外部资金提供者之间的信息不对称所引起的道德风险和逆向选择问题，会降低企业的投资效率和融资效率。

1. 管理层/股东—债权人之间的信息不对称

第一，道德风险与投资效率。在不考虑其他因素的情况下，管理层/股东与债权人在财务分配上处于“零和”博弈的地位，即博弈双方财富总和为零，一方财富的增加便意味着另一方等额财富的减少。因此，当代表股东利益的管理者对外进行债务融资时，作为代理人的企业便会通过各种行为实现财富从债权人(委托人)到股东的转移，从而降低融资效率(林钟高和章铁生，2001)。具体来说，在股东拥有剩余索取权、而债权人拥有固定收益权的情况下，股东可先向债权人允诺投资风险较低的项目，但在后期投资时，却选择那些高风险—高收益的项目进行投资。因为如果投资成功，除支付给债权人契约规定的固定收益外，剩下的大部分收益可全部归股东所有；而如果投资失败，股东也仅以出资额为限承担有限损失，债权人则承担其余风险。因此，管理层/股东与债权人之间的信息不对称所引起的道德风险问题会造成企业投资过度的现象。另外，当企业投资机会的到期日早于负债的到期日时，管理层/股东不会投资那些净现值为正、能够增加企业价值，但投资收益的大部分归债权人所有的项目(Myers，1977)。这种行为将迫使企业放弃最优的投资机会，造成投资不足的后果。

第二，逆向选择与投资效率。Stiglitz and Weiss(1981)指出，管理层/股东与债权人之间的信息不对称会导致逆向选择问题，即在签订债务合约时，由于不了解企业所处的风险水平，也无法确定企业未来所投项目的风险情况，债权人不能实现对不同借款者的差别定价，只能通过统一提高利率或增加相应的抵押条款等方式来保障自己的权益。然而，这种方式会导致比较好的借款人放弃可能的投资项目并退出市场，造成投资不足；或者迫使借款者转而投资那些具有高风险的、违约可能性较大的项目，最终损害了贷款人的利益。

第三，逆向选择与融资效率。由于在信息获取方面处于劣势地位，作为外部人的债权人在签订契约时无法准确评估企业的优劣，也不能确定企业在契约存续期间是否会做出损害其利益的行为(如股利的过度发放、新债务的过量增发)，因此，债权人会通过提高债务利息、缩短债务期限等方法进行自我保护。这些方法提高了企业筹资成本，从而降低了融资效率。

2. 管理层/股东—股权投资者之间的信息不对称

第一，逆向选择与投资效率。Myers and Majluf(1984)的理论解释了管理层/股东与外部股权投资者之间的逆向选择问题对投资效率的影响。他们指出，现有股东只有在所获得的投资机会价值大于其为新股东所放弃的现有资产价值时(企业的权益被高估时)，才会选择通过发行股票的方式进行筹资。市场了解企业的这一系列想法，知道一旦企业进行股权融资就意味着其股票价值被高估。因此，市场会在企业发行股票时降低其股票价格。这样一来，由发行股票所导致的股票价格的降低，迫使企业放弃通过股权融资进行投资的想法，从而引起企业投资不足的问题。

第二，逆向选择与融资效率。按照上文分析，企业在进行股权融资时，信息不对称所导致的逆向选择问题，使外部投资者低估了企业的股票价格，增加了企业股权融资的成本，从而降低了其融资效率。

4.2.3 XBRL对企业融资效率、投资效率和经营效率的改善

根据前文的分析，XBRL通过其标准化的计算机语言和电子化的财务报送流程，从相关性、可靠性、准确性、可比性和可理解性等方面提高了会计信息的质量，缓解了由信息不对称所引起的融资、投资和经营效率低下的问题。

1. 强化会计信息的激励和监督作用

现代公司制中两权分离所引起的委托人和代理人利益冲突的问题，使得委托人需建立一个良好的激励和监督机制，以避免代理人从事有损于其利益的行为。准确和全面地掌握代理人的所作所为是进行有效激励和监督的前提。然而，委托人与代理人之间的信息不对称，以及契约的不完全性，使得委托人很难直接了解代理人的行为。此时，会计信息起到了很好的媒介作用。高质量的会计信息通过对企业财务状况、经营业绩以及现金流量的披露，能更好地反映管理层的努力程度和决策水平，帮助所有者监督和约束管理层的行为，并通过相应的激励和惩罚措施，来提高企业的经营决策和投资决策效率；同时，当企业对外进行债务融资时，债权人(委托人)也可借助透明的信息环境对管理层/股东(代理人)进行更好的监督和约束，避免他们做出不合理的投资行为，从而提高企业的投资效率。

2. 减小风险的不确定性

根据以上分析，造成企业投资不足和融资成本较高的一部分原因是信息不对称的存在，使得外部资金提供者无法准确判断企业的风险水平，从而拒绝出资或通过提高企业融资成本的方式进行自我保护。作为一种供外界了解企业内部状况的方式，会计信息的作用会随着其质量的提高而增强，即可协助外部资金提供者了解企业的真实状况，帮助他们区分不同企业的优劣程度，缓解投资活动中由信息不对称所引起的"柠檬现象"，提高企业的投资效率；再者，帮助外部资金提供者评估企业的风险水平，降低潜在股东或债权人所要求的风险补偿成本，提高企业的融资效率。此外，企业与投资者之间信息不对称的降低，使潜在投资者更愿意投资该企业，降低了股票的交易成本，从而提高了融资效率。

4.2.4 小　结

信息不对称普遍存在于企业的各类经济决策中，其所产生的道德风险和逆

向选择问题，会造成企业融资决策、投资决策和经营决策效率的降低。为保证企业的决策效率，信息质量的提高和披露水平的改善显得尤为重要。XBRL 这一新型财务信息生成和报送系统的应用，能够提高会计信息质量和信息披露水平，缓解管理层与股东、管理层/股东与外部资金提供者之间的信息不对称，并通过加强会计信息的激励和监督作用，削弱决策过程中的不确定性，来提高企业的融资效率、投资效率和经营效率。

4.3　XBRL 相关制度背景分析

4.3.1　XBRL 在国外的发展进程

XBRL 的构想从诞生伊始就受到了来自美国注册会计师协会(AICPA)、五大会计师事务所、信息技术企业和其他相关机构的关注。1999 年 8 月，这一技术由初始时的 XFRML(可扩展财务报告标示语言)正式更名为 XBRL。一年后，即 2000 年 7 月，XBRL 国际组织(XBRL International)正式成立。该组织致力于推动 XBRL 技术在世界范围内的应用和发展。XBRL 国际组织是一个非营利组织，受四大会计师事务所、微软、IBM、SAP 等软件开发商和其他金融机构共同资助，下设董事会、准则委员会、最佳实践委员会和成员委员会。2003 年年底，XBRL 国际组织发布了 XBRL 技术规范 2.1 版。较前两个版本的技术规范相比，XBRL 2.1 版除了在技术和功能上做了相应的改进，还扩展了 US GAAP 和 IAS GAAP 的分类信息，以鼓励更多的国家、地区、公司和团体加入 XBRL 项目中去。从 2003 年开始，中国、美国、西班牙、韩国、新加坡、以色列、比利时、卢森堡、印度、日本、智利、德国和丹麦等国相继启动了 XBRL 格式数据自愿性或强制性报送程序。截至 2013 年 11 月，XBRL 国际组织的成员包括来自六大洲的 600 多家上市公司、私营企业或政府机构，共有包括国际会计准则理事会(IASB)在内的 25 个国家或组织获得 XBRL 区域权限(Local Jurisdictions)[①]，两个国家获得 XBRL 临时权限(Provisional Jurisdictions)[②]。为加强成员之间的交流，进一步扩大 XBRL 在世界范围内的影响力，XBRL 国际组织会在某些大型企业和技术供应商的赞助下，每年定期召开

① 中国也是 XBRL 地区权限国之一。

② 资料来源：http://www.xbrl.org/jurisdictions。

2～3 次国际会议。从 2001 年 2 月到 2013 年 6 月，XBRL 国际组织已先后举办了 26 次国际会议，参会人数也从 2001 年第一届会议的 10 个国家增加到 2007 年第十五届会议的 30 多个国家 400 名代表。近几年来，除了美国、加拿大、荷兰等北美和欧洲国家以外，一些亚洲国家，如中国、新加坡等，也越来越多地参与到 XBRL 国际事务中来。2010 年 3 月，由日本银行主办的第一届 XBRL 亚洲圆桌会议在东京召开。在随后的 2011 年至 2013 年，印度、新加坡和中国分别召开了第二届至第四届 XBRL 亚洲圆桌会议。这一系列会议的召开，促进了亚洲国家 XBRL 分类标准的发展，以及与其他地区国家之间的沟通和交流。同时，会议还指出可通过国际对话和讨论来帮助 XBRL 亚洲地区组织的建立，从而提高 XBRL 在该地区的应用效果，并为 XBRL 国际组织建立高质量的、全球化的技术规范提供帮助和支持。

4.3.2 XBRL 在中国的发展进程

XBRL 技术的顺利引入和推广与政府部门的重视及支持密不可分。2004 年，经国家质检总局和国家标准委批准，我国审计署和财政部共同发布了《信息技术——会计核算软件数据接口》，用以克服会计数据的交换障碍，提高信息的使用效率。为与国际社会顺利接轨，中共中央办公厅及国务院办公厅印发了《2006—2020 年国家信息化发展战略》，提出发展信息化战略是我国适应国际大趋势的迫切需要和必然选择。随即，财政部开始了 XBRL 项目的前期研究工作，并同其他八部委在 2008 年 11 月成立了会计信息化委员会和 XBRL 中国地区组织。2009 年上半年，财政部在其发布的《关于全面推进我国会计信息化工作的指导意见》中，明确指出了以 XBRL 为基础的会计信息化发展战略，并力争在未来的 5～10 年时间内，通过全面推进我国会计信息化建设，做到财务数据数出一门、资源共享，以帮助各类信息使用者进行数据处理和决策制定工作，并在此基础上实现我国政府部门对企事业单位的管理信息化、监督信息化以及会计师事务所的审计信息化。经多方共同努力，基于我国企业会计准则的 XBRL 通用分类标准及 XBRL 技术规范系列国家标准于 2010 年 10 月相继发布，开启了我国基于 XBRL 技术的会计信息化时代。在随后的两年中，财政部又先后创建和发布了经我国 XBRL 通用分类标准扩展的《石油和天然气行业扩展分类标准》及《企业会计准则通用分类标准银行业扩展分类标准》，于 2012 年获得了 XBRL 国际组织的认证。2013 年 8 月，财政部正式启动通用分类标准报送平台。该平台的启动改变了 XBRL 格式财务报告的报送方式，使企业不再需要像过去按照“企业电子邮件报送—财政部校验及意见反馈—企业修改—再次通过邮件报送”的反复步骤进行报送，而是可以通过“企业在线预提交—系统自动校验—生成校验报告并反馈—企业修改并再次预提交”的模式进行重复修改和预提交，直至没有错误，完成正式提交工作。① 该平台的使用降低了企业进行 XBRL 格式报告报送工作的成本，使这一过程变得顺畅而有效。

除了以上政府部门，上海证券交易所和深圳证券交易所同样在我国会计信息化战略的推进过程中起到了十分重要的作用。以上两大交易所早在 2002 年就开始了对 XBRL 技术的研究和推广工作。为进一步加快 XBRL 的引进、试点、推广和实施步伐，在中国证监会的推动下，上海证券交易所于 2003 年年初成立了“上市公司电子化信息披露”工作小组，并决定在 2003 年年报披露期间，对 50 家上海本地公司展开年报摘要的 XBRL 试点工作。② 而实际上，共有 118 家上市公司在 2004 年 4 月报送了 2003 年 XBRL 格式年报摘要。此后，上海证券交易所又先后开展了对 2004 年第一季度报告和中期报告的 XBRL 试点工作。2005 年年初，上海证券交易所要求其所有上市公司在报送其常规格式年度报告时，随附 XBRL 格式年度报告。然而此时，以上 XBRL 格式年报仅限于上海证券交易所内部监管所用，还未进行对外披露。同年 9 月，上海证券交易所创建的“上市公司信息披露分类标准”获得 XBRL 国际组织认证。经过不断的推广，2009 年年初，上海证券交易所实现了 PDF 格式年报和 XBRL 格式年报的共同披露。③

除了上海证券交易所，深圳证券交易所也致力于 XBRL 技术的应用和推广。深圳证券交易所于 2003 年 6 月成立了“XBRL 与上市公司信息披露电子化标准”项目小组，以推动 XBRL 研究工作。经国家金融标准化技术委员会批准，由深圳证券交易所主编的《上市公司信息披露电子化规范》作为行业标准，于 2004 年年底发布实施。2005 年 1 月，以 XBRL 为基础的新版上市公司定期报告制作系统正式面市，深圳证券交易所所有上市公司需通过该系统编制 2004 年年报及生成 XBRL 实例文档；一个月以后，“XBRL 应用示范”的问世拉开了深圳证券交易所 XBRL 试点工作的序幕，“深证成分股指数”样本公司开始公开披露其 2004 年年报的 XBRL 实例文档。④ 这一举措使得深圳证券交易所成为全球首家将 XBRL 技术应用于信息披露实践工作的证券交易所。该

① 资料来源：http://www.xbrl-cn.org/2013/0824/94674.shtml。

② 资料来源：http://www.xbrl-cn.org/2004/0819/72796.shtml。

③ 资料来源：http://www.xbrl-cn.org/2008/1230/72753.shtml。

④ 资料来源：http://xbrl.cninfo.com.cn/XBRL/xbrl-1.htm。

应用示范的发布也实现了不同公司、不同指标的在线对比和分析。2006 年 3 月，深圳证券交易所正式加入 XBRL 国际组织。继 2005 年发布“XBRL 应用示范”平台以来，深圳证券交易所持续对该平台进行修改和完善，并于 2008 年年底完成改版，正式更名为“XBRL 上市公司信息服务平台”①。2009 年 2 月，深圳证券交易所实现了对旗下所有上市公司近五年年报的 XBRL 实例文档的披露，使投资者能够直接通过该平台查阅、分析和下载以上 XBRL 实例文档。②

此外，在一年一度的全国会计信息化年会中，我国著名学者、政府部门管理者以及知名信息及软件企业负责人会通过主题演讲、高层论坛、分组专题讨论等形式，对 XBRL 技术在我国的应用和发展等信息化前沿问题进行分析和探讨，以更好地推动我国会计信息化进程、提高 XBRL 的应用效果。

由此可见，XBRL 自引入我国以来，已受到了政府部门、证券交易所、上市公司以及学者的普遍关注。伴随着我国会计信息化进程，XBRL 技术的应用和发展已取得了显著的成就。而在未来，我国也将继续加强 XBRL 在财务报告领域的应用，并以此为基础，推动我国会计信息化战略的实施和发展。

4.3.3 小 结

自 1998 年诞生以来，虽然仅有短短十几年的时间，但 XBRL 凭借自身的优势，已在世界范围内的多个国家和地区应用开来。从 XBRL 在国外的发展进程来看，XBRL 国际组织的成立和壮大、XBRL 技术规范 2.1 版本的发布，以及定期会议的召开，都促进了 XBRL 的推广和应用。而从 XBRL 在中国的发展进程来看，在会计信息化战略的背景下，政府部门、证券交易所、上市公司和学者的共同努力，推动了 XBRL 在我国的应用和发展。

---

① 资料来源：http://xbrl.cninfo.com.cn/XBRL/xbrl-1.htm。

② 资料来源：http://www.xbrl-cn.com/xbrlChina-news/20091119/20091119160343bc.shtml。

第 5 章
XBRL 与企业融资效率

5.1 引　言

融资活动是企业重要的财务活动之一，企业通过债务融资和股权融资两种方式筹集日常经营活动、投资活动和未来发展所需资金，并按期偿还债务本金，以及向资金供给方支付相应的投资回报。融资活动中信息不对称的存在会导致该项决策效率的降低。具体来说，一方面，为了维护其专有资产的安全性以及相应出资回报的可获得性，外部资金提供者在进行出资决策时，需要掌握公司财务状况、经营业绩及其他相关方面的内部信息。然而现实生活中信息不对称的存在，使得外部资金提供者无法准确地判断出资风险和收益。为保护自身利益，出资者常常要求更高的利息或回报，从而造成企业融资成本的增加。另一方面，由于中小股东控制权的缺位以及信息不对称的存在，大股东往往会利用其控制权优势和信息优势侵占中小股东的利益，致使中小股东最终卖掉企业股票。由此可见，会计信息在企业融资活动中占据着重要的地位，应努力提高企业的信息披露水平，促进信息在各利益相关者之间的交流和传递，以降低信息不对称水平，提高融资决策效率。同时，透明的信息环境可以更好地发挥其公司治理效用，监督和威慑企业的不合理行为。

XBRL 作为一种可扩展的商业报告语言，其可拓展意味着信息使用者可根据自身的需求，利用计算机技术对分类标准进行扩展，为所需信息要素赋予相应的数据标签，从而更好地发挥信息在决策中的作用。有研究表明，XBRL 标准化的报送格式和网络化的披露方式不仅有助于改善会计信息的准确性、及时性、可比性和透明程度(Debreceny and Gray，2001；Srivastava and Liu，2012)，还有助于降低信息搜索成本，提高会计信息的可获得性(Premuroso and Bhattacharya，2008)。在 XBRL 模式下，其一体化的信息收集、交换和处理过程提高了决策信息的获取效率；其数据分析程序的运用，使得决策者可直接对数据进行横向和纵向的比较，提高了数据分析的针对性和全面性。因此，XBRL 应用后，债务人信息质量的改善，以及信息可利用程度的提高能够有效地缓解信息不对称程度，降低债务契约风险，保护债权人的利益，促进债务契约的顺利签订和执行；而对于中小投资者来说，投资对象信息质量的改善、信息透明度的提升，以及决策分析过程的简单化和有效化，有利于其发现大股东的利益侵占行为，从而保护自身的投资利益。此外，融资风险的降低、契约的有效执行，以及资金提供者权益的合理保障也会为作为资金需求方的企业带来一个共赢的结局，即促进企业融资效率的提高。

因此，本章以深圳证券交易所采纳和推广 XBRL 技术为背景，通过实证分析法来研究该技术对深圳证券交易所上市公司融资效率(包括股权融资效率和债务融资效率)的影响，来考察 XBRL 在我国资本市场的应用效果。

5.2 理论分析与假设推演

5.2.1 XBRL 的应用与企业融资活动

融资活动是企业重要的财务活动之一。企业主要通过股权融资和债务融资的方式，从资本市场中的潜在投资者和银行等金融机构筹措所需的资金，以满足企业日常的生产经营以及投资、扩张的需要。我国上市公司(尤其是民营上市公司)普遍存在融资约束问题，因此，如何在资源有限的情况下，获取企业生存和发展所必需的资金支出，对于企业来说至关重要。一般来讲，会计信息的披露水平，以及其在融资各方中的传递效率起到了关键性的作用。一方面，作为资金需求方的企业，其信息质量的改善、信息透明程度和披露水平的提高，有利于缓解其与资金提供者之间的信息不对称程度和由此产生的道德风险问题，继而帮助出资方更好地评估未来的风险和收益水平，使他们在权益得到保障的情况下，能够以较低的出资回报率与企业签订融资合同；另一方面，信息在企业与出资者之间的加速传递和流通，有利于缓解两者间的信息不对称水平，和由此产生的逆向选择问题，从而避免“优质企业融资难，而劣质企业融资易”这一问题的发生，最终实现企业融资效率的提高。

从理论层面上讲，XBRL 的引入至少有以下三方面的作用。首先，XBRL 从及时性、准确性和可比性等质量特征方面改善了会计信息质量。其次，XBRL 通过其网络化和标准化的信息披露方式，提高了企业财务信息的披露水平。最后，XBRL 的应用提高了会计信息的决策有用性。XBRL 不仅仅是报送方式的改变，更是一种决策理念的创新。XBRL 可同企业其他资源管理系统相结合，使决策者能够从多方位获取决策所需的信息；同时，XBRL 标准化的数据格式和对比分析程序的应用，实现了数据获取和分析的一体化，提高了决策者的决策效率。魏志华等(2012)曾指出，良好的金融生态环境有助于抑制不同所有制结构下的融资成本差异，促进资源的有效市场化配置。因此，XBRL 通过对我国金融生态环境的不断优化，能够强化我国债权人和投资者权益保障机制、提高市场决策效率、改善金融市场的资源配置效率。

5.2.2　XBRL 与债务融资成本

由于学术界对融资活动效率的度量并未达成统一的意见，因此，本章将直接从成本的角度来探讨 XBRL 对融资活动效率的影响。在债务融资活动中，风险是影响债务成本的决定性因素。当面临较高的风险水平和较多的不确定因素时，债权人会出于对自身利益的保护，和可能遭受的损失的补偿，而相应地提高所要求的回报率水平，从而造成企业债务融资成本的加大。例如，企业所采取的会计政策越稳健，其债务融资成本就越低(郝东洋和张天西，2011)；内部控制人的利益攫取行为会提高债权人的债务风险水平，从而导致企业债务融资成本的增加(傅代国，2012)。然而，信息披露质量是债权人评价企业违约风险、防范利益侵占行为的重要考量指标，高质量的会计信息和高水平的信息披露能够在一定程度上解决这一问题。具体来说，债权人通常会通过观察企业定期财务报告披露的及时性、条理性、详细程度，以及是否涵盖管理层讨论、内部控制有效性等相关信息，来判断企业是否存在瞒报、错报和漏报信息的行为；一旦债权人发现企业信息披露质量的纰漏之处，对风险的担忧会导致企业承担更大的债务成本。此时，会计信息透明度和披露水平的提高，则可降低债权人内心的不确定性，及其所要求的融资风险补偿水平，从而降低企业的债务融资成本。

也有大量研究从实证角度证明了会计信息披露水平的提高有助于降低企业

的债务融资成本。例如，于富生和张敏(2007)在对深圳证券交易所A股上市公司进行实证检验后发现，企业信息披露质量与债务融资成本显著负相关。张纯和吕伟(2007)指出，信息披露水平和分析师关注程度越高的企业，面临的融资约束水平越低。这一结论也得到了徐玉德等(2011)的支持。陆正飞等(2008)以2002—2006年我国A股上市公司为研究样本，验证了会计信息的债务契约有用性，发现盈余管理程度会削弱会计信息的有用性。简言之，高质量的会计信息对于债务契约的签订、监督和执行大有裨益。蒋琰(2009)以21世纪初我国公司治理中信息披露、董事会治理机制和独立董事制度的改善为背景，研究了公司治理对债务融资成本的影响。他指出，公司治理水平的提高有助于缓解债权人所面临的代理问题，降低债权人的出资风险，从而降低债权人所要求的回报水平，提高债务融资效率。

正如前文所述，XBRL技术可以从相关性、及时性、可靠性和可比性等质量特征方面改善会计信息质量，提高信息的披露水平；同时，它还可以借助标准化的数据格式和网络化的披露方式，提高信息需求者的信息获取效率，降低相应的信息处理成本和信息不对称水平，强化信息的决策有用性。因此，本章预期XBRL的应用能够降低企业的债务融资成本。

5.2.3 XBRL与股权融资成本

叶康涛和陆正飞(2004)研究了上市公司的诸项特征对其股权融资成本的影响。他们发现，公司的资产负债率、规模、所处市场的波动性以及行业特征等因素均对股权融资成本产生显著的影响。曾颖和陆正飞(2006)以深圳证券交易所发布的上市公司信息披露评级作为总体披露水平的衡量指标，采用盈余激进度和盈余平滑度来衡量公司的盈余披露质量。研究发现，两类信息披露质量均显著抑制了上市公司股权融资成本。汪炜和蒋高峰(2004)也指出，公司信息披露水平和信息透明度的提升可显著地抑制权益资本成本。沈洪涛等(2010)研究表明，重污染企业的环境信息披露质量越高，其权益资本成本越低。

正如前文所述，XBRL的应用从相关性、可靠性、及时性、透明程度等方面提高了会计信息的质量和披露水平；XBRL的应用也为外部信息使用者带来了一种新的决策方式。具体来说，传统模式下无法统一的数据格式和烦琐的信息处理过程，使信息使用者需要花费较多的货币和非货币成本，依据重要性原则从大量信息中搜索到决策所需的部分进行分析判断。而XBRL所带来的是一种为大家所公认的网络可识别语言。它不仅可以与企业其他管理信息系统钩稽起来，为使用者提供更多反映企业真实状况的信息，还可以借助 XBRL 下统一的数据格式和相关软件的应用，对数据进行自动的提取和比对分析。由此可见，XBRL 提高了外部信息使用者的信息获取效率，使他们能够以较少的成本获取更多与决策相关的信息，以帮助他们进行更理性的决策，提高资本市场的资源配置效率。

沈艺峰等(2005)梳理了自 1993 年以来，我国资本市场对中小投资者法律保护程度的演进历程。他们发现，随着对中小投资者法律保护程度的不断提升，上市公司的股权融资成本有了显著的降低。姜付秀等(2008)从微观和宏观角度构建了公司层面的投资者利益保护程度指标体系，并发现，投资者保护程度越高的上市公司，其股权融资成本越低。Pinsker and Wheeler(2009)在对 64 位 MBA 学生进行调查后得出，XBRL 有助于提高财务报表的信息使用效率，特别是对非专业投资者来讲，XBRL 的应用将改进他们的决策效率和效果，提升他们的权益保障程度。投资者的利益越得到保护，其投资意愿便越强烈，所要求索取的投资回报也就越低。

基于以上分析，我们有理由预期 XBRL 的采用能够降低企业的股权融资成本。深圳证券交易所于 2009 年 2 月正式推广 XBRL 技术，要求所有上市公司采用 XBRL 实例文档形式报送 2008 年财务报告。而在此之前，深圳证券交易所已在“深证成分股指数”样本公司中展开 XBRL 应用试点工作，要求这些公司自 2004 年年报披露期间开始试点披露 XBRL 格式年报实例文档。试点机制的运行将会产生“学习曲线”效应，即使试点公司能够通过 XBRL 试点过程中经验的不断积累和错误的不断修正，获得更好的应用效果。

因此，针对上述对 XBRL 与企业债务融资成本和股权融资成本关系的预期，以及对“深证成分股指数”样本公司试点采用 XBRL 技术效果的讨论，我们提出如下假设。

假设 5-1：XBRL 的应用从整体上提高了企业的债务融资效率，且相对于其他未参加试点的深圳证券交易所上市公司(测试组)，XBRL 对参加试点的“深证成分股指数”样本公司(控制组)债务融资效率的作用更加明显。

假设 5-2：XBRL 的应用从整体上提高了企业的股权融资效率，且相对于其他未参加试点的深圳证券交易所上市公司(测试组)，XBRL 对参加试点的“深证成分股指数”样本公司(控制组)股权融资效率的作用更加明显。

5.3 研究设计

5.3.1 样本选择与数据来源

本章以深圳证券交易所上市公司为对象进行研究。2005 年 2 月，深圳证券交易所开始试点应用 XBRL 技术，要求“深证成分股指数”样本公司在深圳证券交易所网站上披露 2004 年年报的 XBRL 实例文档，并于 2009 年 2 月要求深圳证券交易所所有上市公司披露其 2008 年年报的 XBRL 实例文档。因此，本章以 2008 年为转折年限，选取 2004 年至 2007 年为 XBRL 试点期，2008 年至 2011 年为 XBRL 正式采用期，以参加试点的“深证成分股指数”样本公司为控制组，其他未参加试点的上市公司为测试组进行研究。除虚拟变量 XBRL 和 Index(是否为“深证成分股指数”样本公司)数据是通过在深圳证券交易所网站手工搜集以外，其他数据均来源于 CSMAR 数据库。此外，本章在 1%和 99%的水平上对所有变量(不包括虚拟变量)进行了缩尾处理，以剔除异常值对研究结果的影响。

5.3.2 模型设定

本章主要研究 XBRL 的采用对深圳证券交易所上市公司融资效率的影响。一般而言，企业的融资活动可分为债务融资和股权融资。在企业的融资活动中，其信息的透明度和可利用程度将直接影响融资活动的效率。由于融资效率的指标很难精确度量，学术界并未形成统一意见，因此，本章将选择从融资成本视角来探讨 XBRL 对融资效率的影响。

1. XBRL 与债务融资效率模型

本章采用多元回归分析法检验 XBRL 对企业融资效率的影响。模型(5-1)用于研究 XBRL 对企业债务融资效率的影响。

$$DFE=\gamma_0+\gamma_1 XBRL+\gamma_2 Index+\gamma_3 ex+\gamma_4 Size+\gamma_5 ROA+\gamma_6 Atl+ \gamma_7 Intcov+\gamma_8 Fixaper+\gamma_9 Growth+\gamma_{10} Industry+e$$

模型(5-1)

因变量债务融资成本的度量。我们参考 Pittman and Fortin(2004)以及蒋琰(2009)的做法，采用利息支出与债务总额之比来度量债务融资成本。然而，由于诸多上市公司的利息支出数据存在缺失问题，使样本个数在删除缺失值后大为缩减。因此，我们采用财务费用来代替利息支出，企业的债务融资成本(DFE)便近似等于财务费用与债务总额之比。

测试变量为 XBRL、Index 和 ex。根据深圳证券交易所网站所披露的信息，深圳证券交易所上市公司采用 XBRL 的时间进程大致如下：2005 年 2 月，深圳证券交易所以“深证成分股指数”样本公司为试点对象启动 XBRL 试点工作，要求以上公司披露 2004 年年报的 XBRL 实例文档；2009 年 2 月，深圳证券交易所强制性要求所有上市公司在深圳证券交易所网站上披露 2008 年年报的 XBRL 实例文档，并规定以后年限必须同样披露 XBRL 格式的年报实例文档。因此，本章将 2004 年至 2007 年设为试点期，将 2008 年至 2011 年设为正式采用期。当时间处于试点期时，XBRL 取 0；当时间处于正式采用期时，XBRL 取 1。同时，我们将参加试点的“深证成分股指数”样本公司设为控制组，将其他未参加试点的深圳证券交易所上市公司设为测试组。当企业属于参加试点的“深证成分股指数”样本公司(即控制组)时，Index 取 0；当企业属于其他未参加试点的上市公司(即测试组)时，Index 取 1。变量 ex 为 XBRL 与 Index 的交互变量。

控制变量的选取。本章根据已有文献对控制变量进行选取。具体来说，在债务融资成本模型中，我们参考蒋琰(2009)、于富生和张敏(2007)的文章，控制了公司规模、盈利水平、财务风险、利息支付能力、固定资产比例、公司成长性以及行业等因素的影响。各变量的定义及取值情况如表 5-1 所示。

2. XBRL 与股权融资效率模型

模型(5-2)、模型(5-3)和模型(5-4)用于研究 XBRL 对企业股权融资效率的影响。

$$rr_{PEG}=\gamma_0+\gamma_1 XBRL+\gamma_2 Index+\gamma_3 ex+\gamma_4 Size+\gamma_5 ROA+\gamma_6 Atl+\gamma_7 Beta+\gamma_8 Turnover+\gamma_9 BTM+\gamma_{10} Industry+e$$

模型(5-2)

$$r_{PEG}=\gamma_0+\gamma_1 XBRL+\gamma_2 Index+\gamma_3 ex+\gamma_4 Size+\gamma_5 ROA+\gamma_6 Atl+\gamma_7 Beta+\gamma_8 Turnover+\gamma_9 BTM+\gamma_{10} Industry+e$$

模型(5-3)

$$absrr_{PEG}=\gamma_0+\gamma_1 XBRL+\gamma_2 Index+\gamma_3 ex+\gamma_4 Size+\gamma_5 ROA+\gamma_6 Atl+\gamma_7 Beta+\gamma_8 Turnover+\gamma_9 BTM+\gamma_{10} Industry+e$$

模型(5-4)

因变量股权融资成本的度量。对于股权融资成本的度量，学术界存在多种方法。毛新述等(2012)通过回顾国内外相关文献，将权益资本成本的度量方法分类为事前度量和事后度量，其中常见的事前度量方法包括剩余收益模型法以及 Easton 在 2004 年所提出的非正常收益增长模型法(如基于市盈率和市盈增长率的 PEG 模型)；而常见的事后度量方法主要有资本资产定价模型法。由于事后度量误差较大，学者们多倾向于采用事前度量法来估计权益资本成本。Botosan and Plumlee(2005)按照公司特定风险反映程度的标准，对前人研究所提出的五种典型权益资本成本估计方法进行了评价。他们发现，Easton(2004)所提出的 PEG 模型估计法最为有效，在该方法下，估计的权益资本成本与公司特定风险呈现高度一致性。PEG 模型法包含市盈率和适应增长率两个基础变量，并假设非正常收益增长率为 0。具体的计算方法如下：

$$r_{PEG}=\sqrt{\frac{eps_2-eps_1}{P_0}} \qquad \text{公式(5-1)}$$

其中，eps_1 为分析师预测的 1 年后每股盈利预测值的平均值；eps_2 为分析师预测的 2 年后每股盈利预测值的平均值；P_0 为当年年末的股票价格。本章将采用三种形式度量股权融资成本：由公式(5-1)得到的 r_{PEG}、公式(5-1)的被开方数(rr_{PEG})，以及公式(5-1)被开方数的绝对值($absrr_{PEG}$)。

测试变量为 XBRL、Index 和 ex。与前文一致，当时间处于试点期(2004 年至 2007 年)时，XBRL 取 0；当时间处于正式采用期(2008 年至 2011 年)时，XBRL 取 1。当企业属于参加试点的“深证成分股指数”样本公司(控制组)时，Index 取 0；当企业属于其他未参加试点的上市公司(测试组)时，Index 取 1。变量 ex 为 XBRL 与 Index 的交互变量。

控制变量的选取。本章参考了叶康涛和陆正飞(2004)、曾颖和陆正飞(2006)以及蒋琰(2009)等文献，选取市场风险、公司规模、财务风险、盈利水平、资产周转率、账面市值比和行业等因素予以控制。各变量的定义及取值情况如表 5-1 所示。

表 5-1　变量定义表

变量性质	变量代码	变量名称	变量定义
因变量	DFE	债务融资成本	财务费用/债务总额
	rr_{PEG}	股权融资成本	公式(5-1)中的被开方数
	r_{PEG}	股权融资成本	公式(5-1)
	$absrr_{PEG}$	股权融资成本	公式(5-1)中被开方数的绝对值

续表

变量性质	变量代码	变量名称	变量定义
测试变量	XBRL	XBRL	当年度是 2004—2007 年时取 0，当年度是 2008—2011 年时取 1
	Index	Index	当为参加试点的成分股指数公司时取 0，当为其他未参加试点的上市公司时取 1
	ex	XBRL * Index	XBRL * Index
控制变量	ROA	总资产净利润率	净利润/总资产
	Atl	资产负债率	负债总额/资产总额
	Growth	公司成长机会	年末营业收入增长率
	Intcov	利息保障倍数	(利润总额+财务费用)/财务费用
	Fixaper	固定资产比例	固定资产净额/资产总额
	Turnover	总资产周转率	营业收入/资产总额
	Size	公司规模	年末总资产的自然对数
	Beta	市场风险	分市场年 Beta 值
	BTM	账面市值比	期末总资产/市场价值
	Industry	行业虚拟变量	行业虚拟变量，采用中国证监会行业分类标准

5.4　实证检验与结果分析

5.4.1　XBRL 与债务融资效率

1. 描述性统计

经过缩尾去除极值后，债务融资效率模型中的主要变量描述性统计如表 5-2 所示。表 5-2 显示，债务成本的均值和中位数均为 2.7%左右，最小值仅为 0.03%，最大值达到了 8.74%；缩尾处理后的样本规模波动平稳，基本呈正态分布；利息保障倍数指标衡量企业的利息支付能力，能力越高的企业往往获得更低的融资成本，样本的平均利息保障倍数为 13.203 倍，标准差却高达 39 个单位，表明样本公司间的利息支付能力差异显著，波动幅度较大。固定资产比例越高的企业，越能提供相关的债务抵押保证，债务违约风险越低，故融资成本越低；样本平均固定资产比例达到 29.5%，最小值和最大值分别为 0.2%

和 75.2%。其他主要变量的描述性统计在此不再赘述，详见表 5-2。

表 5-2　债务融资效率模型主要变量的描述性统计

变量	均值	中位数	最小值	最大值	标准差
DFE	0.027 8	0.026	0.000 3	0.087 4	0.017 2
Size	21.374	21.287	18.693	24.715	1.15
ROA	0.024	0.030	−0.453	0.274	0.091
Intcov	13.203	3.788	−26.327	303.524	39.086
Atl	0.588	0.538	0.123	3.331	0.406
Fixaper	0.295	0.275	0.002	0.752	0.178
Growth	0.239	0.151	−0.871	4.809	0.644

2. 债务融资效率模型回归结果和分析

本章采用模型(5-1)来检验 XBRL 的采用对深圳证券交易所上市公司债务融资效率的影响。回归结果如表 5-3 所示。首先，模型(5-1)的 F 值为 46.41，表明模型整体是显著的；调整 R^2 为 27.85%，表明经调整后的模型自变量对因变量的解释能力达到了 27.85%。其次，模型(5-1)的结果显示，XBRL 与债务融资成本呈微弱的正相关关系，交互变量 ex 的估计系数为负，但两个系数均不显著。这一结果表明，对于深圳证券交易所上市公司来说，XBRL 技术的采用对其债务融资成本并无显著影响，而且经过试点的“深证成分股指数”样本公司在正式采用 XBRL 技术后，其融资成本并未比其他未参加试点的公司有显著的降低，即假设 5-1 未通过检验。产生该结果的原因可能是：其一，尽管 XBRL 能够提高财务报表中的会计信息质量，但它并不是万能的。银行等资金提供者在考虑其出资决策时，还会对债务人的口碑等其他财务报表以外的信息进行考察。因此，即使企业采用了 XBRL 技术，也无法如预期的那样降低银行所要求的报酬率。其二，我国上市公司普遍存在融资约束问题，而导致融资难的原因除了资源有限性以及信息不对称以外，体制也是重要的制约因素。对于一些民营上市公司来说，即使他们拥有良好的财务状况和发展前景，甚至愿意付出更大的代价进行融资，在多数情况下也依然难以获得银行信贷资源(李增泉等，2008；王喜，2011)。除了在信贷资源获取可能性方面存在体制歧视，债务融资成本在不同所有制下也存在显著的差异。李广子和刘力(2009)发现，相比国有上市公司，民营上市公司的债务融资成本更高，且截至 2007 年年底，该歧视现象并无明显好转迹象。因此，我们认为，只有在市场化程度较高、

XBRL 信息披露和决策平台日趋完善的前提下，XBRL 的引入才能更有效地提高债务融资效率。

控制变量的结果如表 5-3 所示。公司规模与融资成本显著负相关，表明公司规模越大，盈利水平越高，抵抗、控制风险的能力越强，债务违约风险越低，债务成本也就越低；该结论与蒋琰(2009)、于富生和张敏(2007)的研究结果保持一致。利息保障倍数衡量企业的利息支付能力，这也是债权人关注的重点债务风险指标。利息保障倍数越大，债务风险越低，债务成本越小。从表 5-3 的回归结果中可以发现，利息保障倍数与债务成本显著负相关。资产负债率水平与债务成本显著正相关，与于富生和张敏(2007)的结果保持一致。固定资产比例与债务成本显著正相关(在 1％的显著性水平下)，与蒋琰(2009)的结果基本一致。然而，从理论上讲，固定资产比例越高的企业理应承担相对较低的风险溢价。另外，盈利水平和公司成长性(营业收入增长率)与债务成本并不存在显著的相关关系。

表 5-3　XBRL 与债务融资效率模型回归结果

变量	债务融资成本
	模型(5-1)
截距	0.079***
XBRL	0.003
Index	0.000 3
ex	－0.001
Size	－0.003***
ROA	－0.005
Atl	0.002*
Intcov	－0.000 2***
Fixaper	0.020***
Growth	－0.001
行业虚拟变量	controlled
F 值	46.41***
Adj. R^2	27.85％
N	3 530

注：***、**、*分别表示在 1％、5％、10％的置信水平上显著。

5.4.2 XBRL与股权融资效率

本部分将检验XBRL的采用与股权融资成本之间的相关关系，具体检验步骤包括：第一，针对主要变量进行描述性统计分析；第二，依照研究设计中的股权融资效率模型进行多元回归分析。

1. 描述性统计

主要变量的描述性统计结果如表5-4所示。在表5-4中，股权融资成本r_{PEG}的平均值为0.152 5，最小值和最大值分别为0和0.632 5。结合表5-2，我们可发现，样本公司的股权融资成本整体上要大于债务融资成本。Beta值衡量市场风险情况，中位数和平均值均接近“1”，且最小值为0.410 3，表明市场波动相对平稳。资产周转率(Turnover)一般用以衡量管理层对企业资产的使用效率，也可间接反映管理层与公司之间的代理问题，叶康涛和陆正飞(2004)就曾指出，代理问题越严重的公司，股权融资成本越高。从表5-4中可以发现，资产周转率的最小值仅为−0.016，而最大值却高达36.023，且均值只有0.711，表明样本公司资产周转率差异显著。样本公司的账面市值比(BTM)最大值为1.248，最小值为0.085，平均值为0.563。账面市值比高的公司，股价往往被低估，其系统性风险大，所需融资成本自然更大；然而，账面市值低的公司也同样存在股价被高估的市场风险，股东也需要更高的风险补偿；因此，账面市值比对股权融资成本的作用不确定。其他主要变量的描述性统计在此不再赘述。

表5-4 股权融资效率模型主要变量的描述性统计

变量	均值	中位数	最小值	最大值	标准差
rr_{PEG}	0.007 9	0.000 5	−0.233 6	0.4	0.738 6
r_{PEG}	0.152 5	0.112 3	0	0.632 5	0.134 1
$absrr_{PEG}$	0.036 2	0.012 0	0	0.4	0.064 8
Beta	0.999 8	1.022 4	0.410 3	1.488 6	0.202 4
Size	21.306	21.186	18.868	24.606	1.098
Atl	0.504	0.498	0.054	1.940	0.265
Turnover	0.711	0.571	−0.016	36.023	0.8
ROA	0.034	0.036	−0.368	0.236	0.083
BTM	0.563	0.526	0.085	1.248	0.287

2. 股权融资效率模型回归结果和分析

本部分依据研究设计中的股权融资效率模型，以 2004—2010 年深圳证券交易所上市公司为研究样本①进行了多元回归分析，回归结果详见表 5-5，其中模型(5-2)、模型(5-3)、模型(5-4)分别表示股权融资成本在 rr_{PEG}、r_{PEG} 和 $absrr_{PEG}$ 三种度量方法下的回归结果。以模型(5-3)为例，其结果显示，模型整体通过 F 检验，调整 R^2 达到了 29.39％。其次，XBRL 与股权融资成本 r_{PEG} 之间呈微弱的负相关关系，交互变量 ex 前的系数为正，但并不显著。这一结果表明 XBRL 的采用并未如预期的那样显著地降低了股权融资成本，而且，与未参加试点的深圳证券交易所上市公司相比，XBRL 对参加试点的“深证成分股指数”样本公司的作用效果并未表现出明显的优势，即假设 5-2 未通过检验。其原因可能是，我国资本市场中投机氛围较重，投资者的专业知识相对匮乏，分析能力也较弱。因此，即使 XBRL 提高了会计信息质量，它也很难对股权投资者的决策效率产生重大影响。

在控制变量方面，与曾颖和陆正飞(2006)的结论相同，公司规模与股权融资成本负相关，这可能是因为规模大的公司存在融资活动的规模效应，同时风险掌控能力相对较强，故股权融资成本相对较低。账面市值比(BTM)和资产负债率(Atl)均与股权融资成本显著正相关，该结果与姜付秀等(2008)保持一致，但与叶康涛和陆正飞(2004)研究结果中账面市值比的参数符号不同。我们利用资产周转率控制了管理层的代理问题，发现资产周转率与权益资本成本负相关[其中，模型(5-4)中资产周转的系数显著为负]，而叶康涛和陆正飞(2004)、蒋琰(2009)也得到了相同的结论。Beta 反映市场波动情况，市场波动越大，股价变动风险越大，股东则更希望获得更高的股票回报。因此，我们预期 Beta 与股权融资成本正相关。模型(5-2)和模型(5-4)的回归结果中 Beta 的估计系数符号与上述预期基本保持一致[而模型(5-3)中 Beta 的估计参数符号为负]，但均不显著。最后，模型(5-2)与模型(5-3)回归结果中的各变量符号基本相同，而模型(5-4)中 ex 前系数符号刚好相反，但并不显著，进一步表明 XBRL 与股权融资成本间并不存在显著的相关关系。

---

① 股权融资成本的计算需采用后两年的预测数据，而 CSMAR 中的预测数据只能获取至 2012 年。因此，权益成本模型所选择的样本区间为 2004—2010 年。

表 5-5　XBRL与股权融资效率模型回归结果

变量	股权融资成本 rr_{PEG}	股权融资成本 r_{PEG}	股权融资成本 $absrr_{PEG}$
	模型(5-2)	模型(5-3)	模型(5-4)
截距	0.072**	0.348***	0.105***
XBRL	−0.005	−0.021	−0.009
Index	−0.006	−0.024*	−0.006
ex	0.001	0.004	−0.000 2
Size	−0.003***	−0.013***	−0.005***
Roa	−0.150***	−0.401***	−0.179***
Atl	0.006	0.109***	0.049***
Beta	0.004	−0.007	0.004
Turnover	−0.002	−0.005	−0.004***
BTM	0.018***	0.126***	0.049***
行业虚拟变量	controlled	controlled	controlled
F值	8.20***	33.84***	49.18***
Adj. R^2	4.66%	29.39%	24.63%
N	4 423	2 055	4 423

注：***、**、*分别表示在1%、5%、10%的置信水平上显著

5.5　稳健性检验

5.5.1　XBRL与债务融资效率的稳健性检验

针对债务融资成本模型中可能存在的样本选择性偏差这一内生性问题①，本章进一步采用Heckman两阶段模型法进行了处理，具体的模型如模型(5-5)和模型(5-6)所示。我们首先通过上市公司的规模、上市年限、市场流通性、财务状况以及违规情况五个“深证成分股指数”样本公司筛选指标，在第一阶段

① 存在这样的样本选择性偏差，即一些公司虽被选为成分股指数公司、参加XBRL的试点工作，但其主观上并不想参加试点；而另外一些公司虽未被选为成分股指数公司、未参加XBRL的试点工作，但其主观上却想进行XBRL试点。

选择方程中估计出逆米尔斯率(Inverse Mills Ratio)，再将这一比率带入第二阶段的债务融资效率回归模型中，从而克服内生性问题。该部分稳健性检验的结果如表 5-6 所示。

$$Index=\alpha_0+\alpha_1 Size+\alpha_2 YR+\alpha_3 LQ+\alpha_4 NI+\alpha_5 LE+\varepsilon \quad \text{模型(5-5)}$$

$$DFE=\gamma_0+\gamma_1 XBRL+\gamma_2 Index+\gamma_3 ex+\gamma_4 Size+\gamma_5 ROA+\gamma_6 Atl+\gamma_7 Intcov+\gamma_8 Fixaper+\gamma_9 Growth+\gamma_{10} Invmr+\gamma_{11} Industry+e \quad \text{模型(5-6)}$$

表 5-6　XBRL 与债务融资效率的稳健性检验结果

变量	控制内生性后
	模型(5-6)
截距	0.072***
XBRL	0.005**
Index	−0.001
ex	−0.003
Size	−0.002***
ROA	−0.005
Atl	0.002*
Intcov	−0.000 2***
Fixaper	0.020***
Growth	−0.001
Invmr	−0.004**
行业虚拟变量	controlled
F 值	45.15***
Adj. R^2	27.95%
N	3 530

注：***、**、*分别表示在 1%、5%、10%的置信水平上显著。

从表 5-6 中可以看出，在控制了内生性问题后，XBRL 与债务融资成本显著正相关(在 5%的显著性水平上)，与本章假设 5-1 正好相反。产生这一结果的原因可能是，2008 年金融危机爆发后，经济环境的恶化和公司风险水平的上升，使得债权人越来越注意自身利益的保护。银行更倾向于通过提高贷款利率的方法以保障自己的出资安全，而这一做法最终会导致企业的债务融资成本呈现不降反升的趋势。此外，模型(5-6)中交互变量 ex 的估计参数为负，但不显著，假设 5-1 未通过检验，与模型(5-1)的分析结果保持一致。两个模型中的控制变量符号保持一致。

5.5.2 XBRL 与股权融资效率的稳健性检验

与前文相同，本部分同样采用 Heckman 两阶段模型法，分别对股权融资效率的三个回归模型进行稳健性检验，以去除可能的样本选择偏差问题对回归结果的影响。具体的模型如模型(5-7)、模型(5-8)和模型(5-9)所示。稳健性检验的回归结果如表 5-7 所示。

$$rr_{PEG}=\gamma_0+\gamma_1 XBRL+\gamma_2 Index+\gamma_3 ex+\gamma_4 Size+\gamma_5 ROA+\gamma_6 Atl+\gamma_7 Beta+\gamma_8 Turnover+\gamma_9 BTM+\gamma_{10} Invmr+\gamma_{11} Industry+e$$

模型(5-7)

$$r_{PEG}=\gamma_0+\gamma_1 XBRL+\gamma_2 Index+\gamma_3 ex+\gamma_4 Size+\gamma_5 ROA+\gamma_6 Atl+\gamma_7 Beta+\gamma_8 Turnover+\gamma_9 BTM+\gamma_{10} Invmr+\gamma_{11} Industry+e$$

模型(5-8)

$$absrr_{PEG}=\gamma_0+\gamma_1 XBRL+\gamma_2 Index+\gamma_3 ex+\gamma_4 Size+\gamma_5 ROA+\gamma_6 Atl+\gamma_7 Beta+\gamma_8 Turnover+\gamma_9 BTM+\gamma_{10} Invmr+\gamma_{11} Industry+e$$

模型(5-9)

表 5-7 XBRL 与股权融资效率的稳健性检验结果

变量	股权融资成本 rr_{PEG}	股权融资成本 r_{PEG}	股权融资成本 $absrr_{PEG}$
	模型(5-7)	模型(5-8)	模型(5-9)
截距	0.047	0.317***	0.067**
XBRL	0.001	−0.011	−0.001
Index	−0.008	−0.027*	−0.009*
ex	−0.005	−0.006	−0.009
Size	−0.002	−0.012**	−0.003**
Roa	−0.151***	−0.403***	−0.181***
Atl	0.006	0.109***	0.050***
Beta	0.004	−0.007	0.004
Turnover	−0.002	−0.005	−0.004***
BTM	0.017***	0.124***	0.047***

续表

变量	股权融资成本 rr_{PEG}	股权融资成本 r_{PEG}	股权融资成本 $absrr_{PEG}$
	模型(5-7)	模型(5-8)	模型(5-9)
Invmr	－0.012	－0.017	－0.018***
行业虚拟变量	controlled	controlled	controlled
F 值	8.01***	32.77***	47.94***
Adj. R^2	4.69%	29.38%	24.76%
N	4 423	2 055	4 423

注：***、**、*分别表示在 1%、5%、10%的置信水平上显著。

从表 5-7 中可以看出，在模型(5-7)、模型(5-8)以及模型(5-9)中，XBRL 均未对股权融资效率产生显著的影响，且变量 ex 的系数也不显著，这与模型(5-2)、模型(5-3)和模型(5-4)中的结果保持了一致，表明 XBRL 的采用以及试点机制的运行对上市公司股权融资成本的影响甚微。其他控制变量的符号与表 5-5 中的回归结果基本保持一致。

5.6　本章小结

本章以深圳证券交易所上市公司为研究样本，从债务融资成本和股权融资成本两个角度，考察了 XBRL 的应用对深圳证券交易所上市公司融资效率的影响。研究结果表明，上市公司采用 XBRL 与否与其债务融资成本以及股权融资成本并无显著的相关关系，而且经过早期试点的“深证成分股指数”样本公司(控制组)与未参加试点的深圳证券交易所上市公司(测试组)之间的融资成本(包括债务融资成本和股权融资成本)并无显著差异。为排除债务融资成本模型和股权融资成本模型中可能存在的样本选择性偏差问题，我们采用 Heckman 两阶段回归法对这一内生性问题进行控制，发现回归结果基本保持不变，即 XBRL 的采用对深圳证券交易所上市公司的债务融资成本和股权融资成本无明显作用，假设 5-1 和假设 5-2 未通过检验。本章认为，产生这一结果的原因可能如下：

首先，银行等债权人在进行出资决策时，除了会考虑企业财务报表中的信息，还会考虑诸如企业口碑等财务报表以外的信息。尽管 XBRL 能够提高企业的会计信息质量，但仍无法完全满足债权人的要求，因此，其作用效果也不如预期的那样明显。

其次，我国上市公司普遍存在因体制性因素所导致的融资约束问题。受所有制背景的影响，一些民营上市公司不仅存在融资难的情况，而且即使获得了融资，也是以高代价取得，难以享受与国有上市公司同等的融资成本优待。因此，体制性因素很可能削弱了 XBRL 对债务融资成本的作用效果。

再次，我国资本市场存在投机性较强、投资者专业知识匮乏、专业技能较弱等缺欠。而一项决策的有效与否，不仅取决于所依托的信息质量的高低，还取决于使用者利用信息的能力。因此，我国资本市场中潜在投资者专业技能的缺乏很可能会抑制 XBRL 对融资效率作用效果的发挥。

最后，2008 年金融危机爆发后经济环境的恶化，以及市场风险的加剧，使得出资者很可能出于对自身利益的保护而相应地提高出资成本，从而稀释了 XBRL 的作用效果。

第 6 章

XBRL 与企业投资效率

6.1 引　言

投资活动是关系着企业生存的重要活动，它影响着企业未来的现金流量，决定着企业未来的发展状况。特别是在我国这一新兴经济体国家中，许多企业还处于发展和扩张的重要时期，投资活动的合理性以及投资效率的高低更显得尤为重要。在资本市场是完美的，且不存在信息不对称的理想状态下，企业可通过合理、有效的投资来实现自身利益的最大化（Hayashi，1982）。然而现实生活中，由于企业内部及其与外部投资者之间信息不对称的存在，其所引起的道德风险和逆向选择会导致企业投资过度和投资不足问题的产生。作为会计信息系统的主要产物，会计信息是企业内部及其与外部投资者之间沟通和交流的主要媒介。会计信息质量的提高能够增强信息的决策有用性，帮助管理层提高决策效率；同时，信息质量的提高也可缓解信息不对称下的道德风险和逆向选择问题，继而提高企业的投资效率。因此，如何通过高质量的会计信息来提高投资决策效率是管理层所面临的重要命题。

XBRL 作为一种针对商业和财务报送而开发的标记语言，能够通过其标准化的数据格式和电子化的编报流程，全面提高会计信息质量，降低决策双方的信息不对称程度，通过提高对管理层行为的了解程度来实现对其行为的监督和约束。

自 2002 年引入以来，XBRL 技术在我国已走过了十余年的发展路程。作为全世界首家将XBRL技术应用于信息披露实践工作的证券交易所，深圳证券交易所于2005年2月开始XBRL试点工作，在XBRL应用平台上披露了“深证成分股指数”样本公司近五年的年报的XBRL实例文档；又于四年后，即2009年2月，披露旗下所有上市公司近五年年报的XBRL实例文档。XBRL技术在深圳证券交易所的应用效果可以在一定程度上反映其在我国的发展情况。

因此，本章以XBRL在深圳证券交易所的应用情况为背景，研究该技术对深圳证券交易所上市公司投资效率的影响，从而考察XBRL技术在我国资本市场中的应用效果。

6.2 理论分析与假设推演

财务会计信息是企业会计信息系统的主要产物，也是企业进行合理决策的主要依据。根据决策有用性的观点，会计信息的主要目的是为信息使用者提供对其经济决策有用的信息。投资活动是企业一项非常重要的财务活动，该项活动所需要的信息有70%来自会计部门(朱敬尧，1986)。因此，会计信息的决策有用性是影响投资活动能否合理和顺利完成的重要因素。首先，高质量的会计信息能够帮助管理层发现潜在的投资机会。Bushman and Smith(2001)就曾在其《会计信息和公司治理》一文中指出，会计信息的披露能够使管理层获得有关其他企业边际利润方面的信息，从而帮助他们敏锐地识别和把握潜在的投资机会。再者，对项目预期收益和投资风险的评估，以及对回收期和内含报酬率的计算也是决定一项投资决策是否有效的关键要素。而在这一过程中，单纯地依靠管理层的主观判断，往往无法准确地估计未来的现金流量、投资风险和可能的回收期限，从而导致投资效率的降低。而此时，高质量的会计信息能够充分地发挥其决策有用性，帮助决策者分析潜在项目未来的发展前景、成长空间、现金流量和风险波动水平，通过最优投资决策的选择，来提高企业的投资效率。McNichols and Stubben(2008)指出，合理有效的投资决策取决于对投资项目未来收益的准确预期，而该预期收益的准确性又依赖于与这一项目的成长性、未来收入和盈余相关的信息。因此，他们认为高质量的会计信息能够为决策者提供更为精准的预测信息，从而帮助他们做出合理的投资决策。此外，在所投项目正式运营期间，管理人员还需要借助及时、准确的信息来对诸如实际现金流量发生的时间和金额等重要指标进行密切的监控。同时，管理层还需根据实际情况，对项目进行重新评估，通过与预期收益的对比，来决定该项目是否继续进行。

新古典主义经济学认为，由于企业总是能够从外部筹集所需资金，且资金成本不会因其来源不同而有所差异，因此资本市场中的投资机会是影响企业投资决策的唯一要素(Modigliani and Miller，1958)。然而，现实生活中，投资决策并非总是最优的。由信息不对称所产生的道德风险和逆向选择问题是造成企业非效率投资的重要原因。首先，企业管理层与所有者之间的信息不对称所引起的道德风险等代理问题，会引起企业的投资过度和投资不足行为。具体来说，由于管理层有建设“企业帝国”的动机，管理层会将企业的自由现金流投资于那些不利于企业和股东利益、净现值为负的项目，从而造成投资过度问题(Jensen，1986)。而另一方面，作为风险规避者，为保护自身的名誉，以及对“平静生活”的追求，管理层也会放弃最优的投资机会，产生投资不足现象(Bertrand and Mullainathan，2003)。其次，作为内部人的管理层/股东与外部债权人之间的信息不对称所产生的道德风险和逆向选择问题，也会造成企业的投资过度和投资不足。道德风险问题表现在，由于债权人通常要求相应的固定收益作为回报，管理层/股东为享受最大化的剩余收益权，在获得资金后，既可能选择风险水平较高的项目，造成过度投资；也可能会放弃最优的投资计划，导致投资不足。逆向选择问题表现为，信息不对称的存在使得债权人无法区分优质企业和劣质企业，使得好企业陷入融资约束的困境，造成投资不足，也使得投资项目欠佳的企业获得了额外资金，造成投资过度。再者，在信息不对称的情况下，管理层/股东与外部股权投资者之间的逆向选择问题，会使得权益价值被低估的企业放弃最优的投资计划，引起投资不足问题。

信息不对称所导致的道德风险和逆向选择问题，在我国资本市场中尤为凸显。从企业管理层与所有者之间的利益冲突来看，一方面，我国上市公司的股权结构存在严重的缺陷，约有 84％的上市公司的最终控制权归政府所有，仅剩 16％的上市公司由非政府股东控制(刘芍佳等，2003)。由于政府在企业实际经营过程中很难真正行使股东的监督职能，管理层便成了上市公司的实际控制人。另一方面，我国尚未建立健全的经理人市场，缺乏完善的管理层约束和激励机制，管理层的选择和聘用也没有实现市场化路线。按企业性质划分，我国约有超过 80％的国企管理人员是通过组织任命形式就任的，而在非国有企业中这一比例也达到了 30％；按上市情况划分，约有 59％的上市公司管理人员的任用方式是组织任命(陈敏，2008)。这样一种股权结构安排和管理层任用方式，为经理人员提供了方便的条件，使他们有强烈的动机，通过机会主义行为，为最大化自身利益而进行过度投资；或选择相对保守的投资策略，以维护自己的声誉和职位，确保其工作的安全性，从而造成投资不足。而由于管理层与所有者之间信息不对称的存在，使得所有者很难及时发现和制止这种非效率投资行为。

从作为企业内部人的管理层和股东与外部资金提供者之间的利益冲突来看，一方面，良好的债权约束机制尚未在我国建立起来。债务融资具有一定的公司治理效应，有助于提高企业的价值和资本配置效率(王辉，2003)。然而，从我国目前的形势来看，这种融资方式并没有很好地发挥它的作用。具体来说，银行等金融机构作为我国企业主要的债权人，在债务合同中处于劣势地位，仅享有一定的知情权，合同中对债务人的违约处罚条款仍然对银行较为不利；同时，债权人在企业董事会和监事会中缺乏相应席位，不能实现其话语权和影响力，也不能对增加债务风险或有损其利益的行为进行制止。在这种情况下，债权融资无法有效地发挥其公司治理职能，无法抑制管理层和股东的投资过度和投资不足行为。另一方面，我国作为一个新兴经济体，其资本市场仍处于初期发展阶段，制度建设的不完整、市场环境的不透明以及信息披露的滞后，使得投资者无法对企业的股票进行合理和准确的定价，造成资本市场交易量的减少，继而引起企业的投资不足现象。再者，由于借贷双方的信息不对称所引起的资金成本过高等融资约束问题，使得企业无法在可承受的成本范围内获得所需的资金，从而造成企业投资扭曲的问题。

作为决策双方沟通的桥梁，会计信息在资本市场的有效运转中占据着举足轻重的地位(Healy and Palepu，2001)。会计信息能够向资本市场提供有关企业投资活动的信息，有助于缓解参与方之间的信息不对称，抑制投资活动中道德风险和逆向选择问题的发生，从而保证企业的投资效率。首先，高质量的会计信息能够使股东更好地了解有关企业投资绩效方面的信息，减少因管理层的信息优势所诱发的道德风险问题，从而保证企业的投资效率。其次，高质量的会计信息可以使债权人更准确和及时地了解企业的投资行为以及所贷资金的使用情况，从而抑制企业的机会主义行为，也有助于缓解因不确定性所造成的融资约束问题。最后，高质量的会计信息可以帮助外部投资者了解企业现有的资产价值、评估所投项目的预期收益和风险，避免因信息不对称而造成的对企业证券价值的高估或低估现象，继而提高投资效率。

也有大量研究从实证角度证明了会计信息质量通过缓解道德风险和逆向选

择提高了企业的投资效率。高质量的财务信息可以加强投资者对管理层行为的了解程度，约束管理层为追求自身利益而进行的过度投资行为，从而提高企业的投资效率(Bushman and Smith，2001)。Durnev et al. (2004)从行业的角度研究了会计信息的作用，发现上市公司股价中所包含的特质信息含量与投资效率呈显著的正相关关系。Verdi(2006)通过对美国上市公司的实证研究得出，会计信息质量通过两条途径提高企业的投资效率：第一条是通过自身质量的改善来提高所有者的监管水平，降低代理冲突，阻止管理层的过度投资行为；第二条是通过自身质量的改善来缓解逆向选择，解决企业的融资约束问题。Biddle and Hilary(2006)将样本容量扩大至 34 个国家，也得到了与 Verdi(2006)相同的结论。在进一步对美国资本市场和日本资本市场进行对比分析后，作者发现会计信息质量对投资效率的作用在以股权融资为主的资本市场中(如美国资本市场)体现得更加明显。McNichols and Stubben(2008)从盈余管理行为的角度，分析了信息质量对投资效率的影响。他们发现，投资过度行为通常发生在从事盈余管理行为的公司中，会随着盈余管理行为的消失而消失。Hope and Thomas(2008)研究了 SFAS 131 颁布前后，美国跨国公司会计信息披露与投资效率之间的关系。他们发现，在 SFAS 131 采用后不再披露境外分公司盈余信息的跨国公司比继续披露该信息的跨国公司更容易发生投资过度行为。① Biddle et al. (2009)再次以美国上市公司为研究对象，发现与盈余质量较好的企业相比，盈余质量较差的企业投资效率较低，更倾向于发生偏离正常投资水平的投资组合。Loktionov(2009)发现，会计信息质量的提高能够阻止管理层或现有股东借助资产替代侵害和转移债权人利益的行为，从而有助于提高企业的投资效率。

我国研究者也针对这一问题进行了分析。欧阳凌等(2005)研究了不同信息状态下的股权制度安排对企业投资行为的影响。他们发现，信息对称环境下的股权全流通制度能够使企业达到最优的投资状态，而信息不对称环境下的股权分置制度会造成高质量企业的投资不足行为和低质量企业的投资过度行为。张纯和吕伟(2007，2009)发现，企业信息披露质量的提高以及信息中介(如分析师)的参与程度，会提高企业的透明度、降低信息不对称程度，从而缓解企业所面临的融资约束、抑制企业的过度投资行为。李青原(2009)分别采用盈余平

① SFAS 131 颁布以前，美国跨国公司需披露其境外各分公司的销售总额、总资产和盈余信息。而 SFAS 131 颁布以后，虽然以上跨国公司仍需披露其境外各分公司的销售总额和总资产，但可自愿选择是否披露盈余信息。

滑度、会计稳健性和应计质量作为会计信息质量的度量指标，得出高质量的会计信息通过改善管理层的薪酬契约、加强对管理层的监督力度等方式降低了发生道德风险和逆向选择的可能性，从而优化了企业的投资效率。

通过以上分析可以发现，会计信息是企业投资活动中不可或缺的组成部分。高质量的会计信息通过增强信息的决策有用性、缓解资本市场中的信息不对称程度来提高企业的投资效率。因此，改善会计信息质量是提高投资效率的重要途径。XBRL技术的应用则满足了资本市场对高质量会计信息的需求。具体来说，XBRL技术通过其标准化的数据格式和电子化的数据处理流程，从信息的生成、传递、获取和分析等方面加强了会计信息的相关性、可靠性、准确性、及时性、可比性和可获得性，从而帮助会计信息决策有用性目标的实现，并通过资本市场中透明程度的改善缓解了决策参与者之间的信息不对称。因此，本章预期XBRL技术的采用能够提高企业的投资效率。深圳证券交易所于2005年2月开始了XBRL技术的试点工作，在其网站上披露了“深证成分股指数”样本公司近五年年报的XBRL实例文档。2009年2月，深圳证券交易所正式采用XBRL报送系统，要求所有上市公司在“XBRL上市公司信息服务平台”上披露其近五年年报的XBRL实例文档。因此，本章以2004年至2007年为试点期，2008年至2011年为正式采用期，选取在2004年至2007年参加试点的“深证成分股指数”样本公司为控制组，其他未参加试点的深圳证券交易所上市公司为测试组进行研究。根据已有的研究，一项新技术的采用遵循一定的学习周期，其应用效果会随着应用时间的不断延长而逐步显现。相对于其他未参加试点的深圳证券交易所上市公司，参加试点的“深证成分股指数”样本公司经过四年试点期的学习和试验，在应用这一技术上应更加成熟，其应用效果也应更加明显。因此，本章提出如下第一个假设。

假设6-1：XBRL的应用从整体上提高了企业的投资效率，且相对于其他未参加试点的深圳证券交易所上市公司(测试组)，XBRL对参加试点的“深证成分股指数”样本公司(控制组)投资效率的作用更加明显。

投资效率的低下可分为投资过度和投资不足两种情况，XBRL对投资效率的改善作用可表现为对投资过度行为的抑制以及对投资不足行为的控制。为明确XBRL对这两种情况各自的影响，本章进一步将研究样本划分为投资过度和投资不足两部分。由于现阶段我国整体的经济形势表现出投资过热的现象

（努里尔·鲁比尼，2011），宏观经济形势的影响势必会稀释 XBRL 对投资过度的抑制作用。因此，本章提出了如下第二个假设。

假设 6-2：相对于投资过度，XBRL 的应用能更好地缓解企业投资不足程度，且这一作用效果同样在参加试点的“深证成分股指数”样本公司（控制组）中体现得更加明显。

6.3 研究设计

6.3.1 样本选择与数据来源

本章主要以深圳证券交易所上市公司为对象进行研究。具体来说，由于深圳证券交易所于 2005 年 2 月开始在其网站上披露“深证成分股指数”样本公司 2004 年年报的 XBRL 实例文档，于 2009 年 2 月披露全部上市公司 2008 年年报的 XBRL 实例文档。因此，本章以 2008 年为转折年度，选取 2004 年至 2007 年为 XBRL 试点期，2008 年至 2011 年为 XBRL 正式采用期，以参加试点的“深证成分股指数”样本公司为控制组，其他未参加试点的上市公司为测试组进行研究。除虚拟变量 XBRL 和 Index（是否为成分股指数）数据是通过在深圳证券交易所网站手工搜集以外，其他数据均来源于 CSMAR 数据库。此外，本章在 1% 和 99% 的水平上对所有变量（不包括虚拟变量）进行了缩尾处理，以剔除异常值对本章结果的影响。

6.3.2 模型设定

本章的研究主要有两大模型：投资效率估计模型以及 XBRL 与投资效率模型。

1. 投资效率估计模型

本章借鉴 Richardson（2006）的方法对投资效率进行度量。国内外的许多学者，如 Biddle et al.（2009）、程仲鸣等（2008）、姜付秀等（2009）均采用了 Richardson（2006）的方法对企业投资效率进行了估计。根据 Richardson（2006）的方法，企业的投资总额可以分成以下两个部分：一是维持资产在原有状态所花费的支出 $I_{Maintenance}$；二是投资新项目所花费的支出 I_{New}。Richardson（2006）通过投资期望模型来估计企业的新增投资额 I_{New}，即：

$$I_{NEWi,t}=\alpha+\alpha_1 V/P_{i,t-1}+\alpha_2 leverage_{i,t-1}+\alpha_3 cash_{i,t-1}+\alpha_4 age_{i,t-1}+\alpha_5 size_{i,t-1}+\alpha_6 return_{i,t-1}+\alpha_7 I_{NEWi,t-1}+\sum YearIndicator+\sum IndustryIndicator+I^{\varepsilon}_{NEWi,t}$$

模型(6-1)

其中，$I_{NEWi,t}$为各企业第 t 年的新增投资额，本章采用两种方法对这一指标进行度量。首先，根据杨华军和胡奕明(2007)、钟海燕等(2010)，$I_{NEWi,t}$为经第 $t-1$ 年年末总资产标准化的，各公司第 t 年为购建固定资产、无形资产和其他长期资产支付的现金，与处置固定资产、无形资产和其他长期资产收回的现金净额之差。其次，根据魏明海和柳建华(2007)、程仲鸣等(2008)，$I_{NEWi,t}$为经第 $t-1$ 年年末总资产标准化的，各公司第 t 年为购建固定资产、无形资产和其他长期资产所支付的现金，权益性投资和债权性投资支出所支付的现金，以及为购买和处置子公司及其他营业单位所支付的现金之和。其他各变量定义和取值见表 6-1。

通过对模型(6-1)进行回归所得到的残差 $I^{\varepsilon}_{NEWi,t}$便是各企业第 t 年的未预期新增投资额。通常情况下，当 $I^{\varepsilon}_{NEWi,t}$大于 0 时，表示企业投资过度；当 $I^{\varepsilon}_{NEWi,t}$小于 0 时，表示企业投资不足。在本章的全样本回归中，我们对 $I^{\varepsilon}_{NEWi,t}$取绝对值，以衡量其对预期新增投资额的偏离程度，即企业的非效率投资。

2. XBRL 与投资效率模型

本章采用模型(6-2)和模型(6-3)来研究 XBRL 对深圳证券交易所上市公司投资效率的影响。

$$I^{\varepsilon}_{New,t}=\beta_0+\beta_1 XBRL+\beta_2 Index+\beta_3 ex+\beta_4 Size+\beta_5 Board+\beta_6 Ind+\beta_7 Div+\beta_8 ROA+\beta_9 Atl+\beta_{10} FCF+\beta_{11} Industry+e$$

模型(6-2)

$$I^{\varepsilon}_{New,t}=\beta_0+\beta_1 XBRL+\beta_2 Index+\beta_3 ex+\beta_4 Size+\beta_5 Board+\beta_6 Ind+\beta_7 ROA+\beta_8 FCF+\beta_9 Laglr+\beta_{10} Mhdper+\beta_{11} Industry+e$$

模型(6-3)

在模型(6-2)和模型(6-3)中，因变量为模型(6-1)中按照两种新增投资额度量方法得到的残差项 $I^{\varepsilon}_{NEWi,t}$的绝对值，即企业的非效率投资程度。

测试变量为 XBRL、Index 和 ex。当时间为 2004 年至 2007 年试点期时，XBRL 取 0；当时间为 2008 年至 2011 年正式采用期时，XBRL 取 1。当样本为参加试点的“深证成分股指数”样本公司(即控制组)时，Index 取 0；当样本为其他未参加试点的上市公司(即测试组)时，Index 取 1。变量 ex 为 XBRL 和 Index 的交互变量。

本章根据已有文献对控制变量进行了选取。具体来说，根据王霞等(2008)、姜付秀等(2009)，分别将总资产、ROA、资产负债率、董事会规模和独立董事人数作为企业规模、盈利能力、风险水平以及董事会规模和结构的代理变量；根据 Biddle and Hilary(2006)和 Biddle et al.(2009)，将是否发放股利作为企业股利政策的代理变量；根据 Richardson(2006)、辛清泉等(2007)，选择自由现金流量作为公司治理的代理变量；根据姜付秀等(2009)，管理层持股情况会通过管理者的行为影响企业的投资效率，因此本章同样选择了管理层持股比例作为控制变量；考虑到企业可能存在的投资惯性问题，本章还控制了企业前一期的未预期新增投资额(前一期的投资效率偏离程度)。此外，本章还控制了行业因素的影响。各变量的定义及取值情况见表 6-1。

表 6-1　变量定义表

模型	变量性质	变量代码	变量名称	变量定义
模型(6-1)	被解释变量	$I_{NEWi,t}$	年新增投资总额	按两种方法计算的第 t 年年度新增投资额
	解释变量	$V/P_{i,t-1}$	公司的成长机会	第 $t-1$ 年年末的营业收入增长率
		$leverage_{i,t-1}$	财务杠杆系数	第 $t-1$ 年年末的财务杠杆系数
		$cash_{i,t-1}$	货币资金水平	第 $t-1$ 年年末的货币资金
		$age_{i,t-1}$	上市年限	至 $t-1$ 年为止的上市年限
		$size_{i,t-1}$	公司规模	第 $t-1$ 年年末总资产的自然对数
		$return_{i,t-1}$	股票收益率	第 $t-1$ 年的股票回报率
		$I_{NEWi,t-1}$	上一年度新增投资额	第 $t-1$ 年年度新增投资额
		Year	年度虚拟变量	年度虚拟变量
		Industry	行业虚拟变量	行业虚拟变量，采用中国证监会行业分类标准

续表

模型	变量性质	变量代码	变量名称	变量定义
模型(6-2)和模型(6-3)	被解释变量	$I^{\varepsilon}_{NEWi,t}$	投资过度或投资不足	模型(6-1)中残差的绝对值
	测试变量	XBRL	XBRL	当年度是 2004—2007 年时取 0，当年度是 2008—2011 年时取 1
		Index	Index	当为参加试点的成分股指数公司时取 0，当为其他未参加试点的上市公司时取 1
	控制变量	ex	XBRL * Index	XBRL * Index
		Size	公司规模	第 t 年年末总资产的自然对数
		Board	董事会规模	第 t 年董事人数
		Ind	独立董事个数	第 t 年独立董事个数
		Div	是否发放股利	如果公司在第 t 年发放股利取 1，否则取 0
		ROA	总资产净利润率	净利润/总资产
		Atl	资产负债率	负债总额/资产总额
		FCF	企业自由现金流	第 t 年年末自由现金流/第 t 年年末总资产
		Laglr	滞后一期的未预期新增投资额	滞后一期的未预期新增投资额
		Mhdper	管理层持股比例	管理层持股比例
		Industry	行业虚拟变量	属于该行业取 1，否则为 0。采用中国证监会行业分类标准

6.4　实证检验与结果分析

6.4.1　描述性统计

本章将样本组划分为参加试点的“深证成分股指数”样本公司(控制组)和其他未参加试点的深圳证券交易所上市公司(测试组)，并区分试点期(2004—2007 年)和正式采用期(2008—2011 年)，分别进行了主要变量的描述性统计分析。描述性统计的结果如表 6-2 和表 6-3 所示。从该描述性统计中可以发现：

首先，当采用第一种度量方式度量年度新增投资额时(列示在表 6-2 的第 2 行)，参加试点的“深证成分股指数”样本公司投资偏离程度的均值，在试点期和正式采用期存在一定的差异，即从试点期的 0.054 下降为正式采用期的 0.038。而当采用第二种度量方式度量年度新增投资额时(列示在表 6-2 的第 3 行)，该类公司投资偏离程度的均值，同样由试点期的 0.094 下降为正式采用期的 0.078。这一结果初步表明经过了四年试点期的熟悉和改进，在正式采用后，XBRL 更进一步地提高了试点公司的投资效率。

其次，在年度新增投资额的两种度量方式下，其他未参加试点的深圳证券交易所上市公司投资效率偏离程度的均值未表现出明显的下降趋势(以第一种方法度量的结果列示在表 6-3 的第 2 行，以第二种方法度量的结果列示在表 6-3 的第 3 行)。造成这一结果的原因可能是，由于此类公司未参与深圳证券交易所 XBRL 的试点工作，因此，在 XBRL 应用的初始阶段，其作用效果还不能完全显现。再加上我国上市公司普遍存在投资过度的现象(努里尔・鲁比尼，2011)，所以未参加试点的深圳证券交易所上市公司的投资效率偏离程度未发生明显的好转。

其他主要变量的描述性统计如表 6-2 和表 6-3 所示。在表 6-2 中，参加试点的“深证成分股指数”样本公司的规模在正式采用期有了一定的增长(总资产均值从 23.063 提高到 23.842)，但其董事会规模和独立董事个数未发生明显的改变(董事会人数的均值从 10.741 增加至 10.933、独立董事个数的均值从 3.709 增加至 3.992)；各公司的业绩出现了些许的下滑(ROA 的平均值由 0.081 下降到 0.069)，自由现金流量也有所下降(均值由 0.084 下降为 0.037)；资产负债率的均值在试点期和正式采用期分别为 0.468 和 0.571，说明试点公司的总资产有近一半来自负债，且这一比例呈现上升趋势。此外，管理层的持股比例在正式采用期有了明显的提高，其数值约为试点期均值的 2 倍。

在表 6-3 中，其他未参加试点的上市公司的规模、董事会人数和独立董事个数在试点期和正式采用期均未发生明显的变化。ROA 的平均值由试点期的 0.012 增加到正式采用期的 0.042，其标准差也分别为 0.119 和 0.090，表明从 2008 年到 2011 年企业的业绩水平有所增加，且各企业间业绩水平差异较大。资产负债率在正式采用期有了一定程度的下降，但仍有约 50%的企业资产来自负债。自由现金流量出现了大幅的下降，即均值由 0.037 下降为 0.005。与之相反的是，管理层的持股比例有了大幅的上升，即均值由 0.032 上升到 0.120。若企业管理层拥有大量股份，管理层更倾向于利用手中的职权来满足自身利益的需求，从而发生非效率投资行为(Richardson，2006)。因此，这些公司较高的管理层持股比例可能会导致投资效率的降低。最后，为更直观地得到投资效率的变化趋势，本章根据表 6-2 和表 6-3 的情况，分别用年度新增投资额的两种度量方法，绘制出了未预期新增投资额($I^{\varepsilon}_{NEW,t}$)均值(投资偏离程度均值)的折线图，如图 6-1 和图 6-2 所示。从图 6-1 和图 6-2 中可以看到，在两种度量方式下，参加试点的“深证成分股指数”样本公司投资效率偏离程度的均值，在正式采用期内均呈现明显的降低趋势，这也初步证明了本章的假设 6-1，即 XBRL 的应用可能对参加试点的“深证成分股指数”样本公司的作用更加明显。

表 6-2　试点公司在试点期和正式采用期的描述性统计

变量	均值		中位数		最大值		最小值		标准差	
	试点	正式采用	试点	正式采用	试点	正式采用	试点	正式采用	试点	正式采用
$I^{\varepsilon}_{NEW,t}$	0.054	0.038	0.033	0.029	0.260	0.164	0.001	0.000	0.059	0.033
$I^{\varepsilon}_{NEW,t}$	0.094	0.078	0.058	0.049	0.578	0.578	0.001	0.001	0.110	0.106
Size	23.063	23.842	23.068	24.013	24.603	24.603	21.322	21.669	0.810	0.715
Board	10.741	10.933	10.000	11.000	15.000	15.000	5.000	6.000	2.638	2.526
Ind	3.709	3.992	3.500	4.000	5.000	5.000	2.000	3.000	0.869	0.804
ROA	0.081	0.069	0.068	0.049	0.277	0.277	−0.050	−0.134	0.057	0.067
Atl	0.468	0.571	0.491	0.584	0.078	0.965	0.044	0.066	0.200	0.185
FCF	0.084	0.037	0.098	0.067	0.355	0.287	−0.295	−0.779	0.118	0.167
Div	0.658	0.909	1.000	1.000	1.000	1.000	0	0	0.476	0.289
Mhdper	0.005	0.013	0.000	0.000	0.340	0.304	0	0	0.037	0.051

表 6-3　未参加试点的公司在试点期和正式采用期的描述性统计

变量	均值		中位数		最大值		最小值		标准差	
	试点	正式采用	试点	正式采用	试点	正式采用	试点	正式采用	试点	正式采用
$I^{\varepsilon}_{NEW,t}$	0.036	0.040	0.023	0.026	0.260	0.260	0.000	0.000	0.042	0.046
$I^{\varepsilon}_{NEW,t}$	0.072	0.080	0.054	0.056	0.578	0.578	0.001	0.001	0.074	0.090
Size	21.016	21.159	20.971	21.079	24.603	24.603	18.324	18.324	1.004	1.085
Board	9.215	8.804	9.000	9.000	15.000	15.000	5.000	5.000	1.888	1.667
Ind	3.216	3.187	3.000	3.000	5.000	5.000	2.000	2.000	0.669	0.598
ROA	0.012	0.042	0.027	0.046	0.277	0.277	−0.615	−0.615	0.119	0.090
Atl	0.618	0.486	0.528	0.429	4.989	4.989	0.040	0.040	0.635	0.522
FCF	0.037	0.005	0.057	0.058	0.382	0.382	−1.198	−1.198	0.190	0.242
Div	0.298	0.455	0	0	1.000	1.000	0	0	0.458	0.498
Mhdper	0.032	0.120	0.000	0.000	0.701	0.701	0	0	0.110	0.209

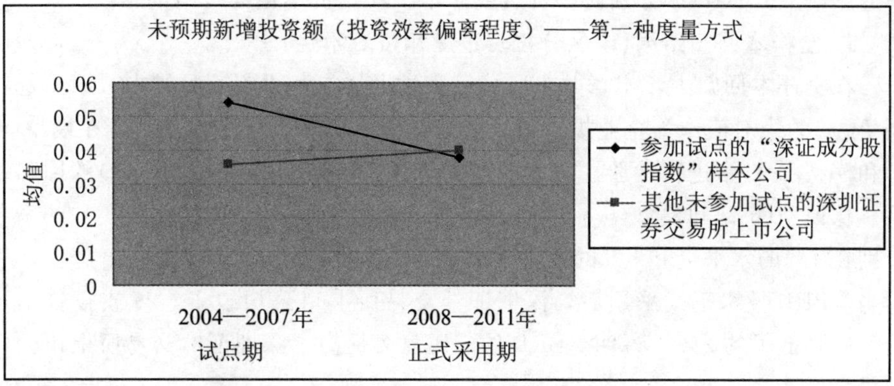

图 6-1　样本公司未预期投资额(投资效率偏离程度)均值的变化——第一种度量方式

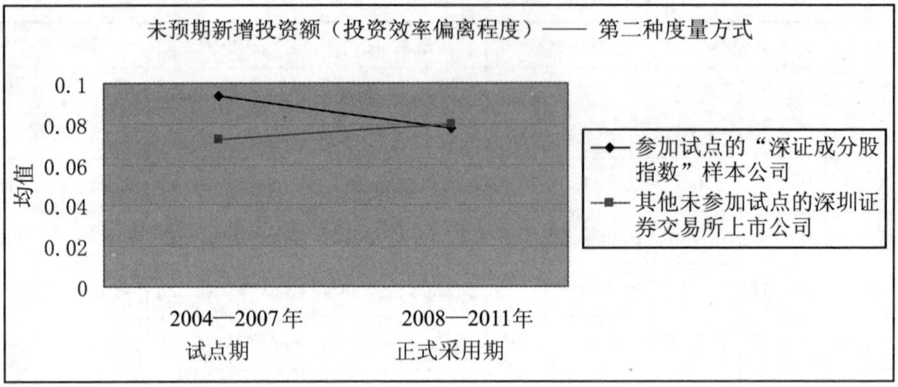

图 6-2　样本公司未预期投资额(投资效率偏离程度)均值的变化——第二种度量方式

6.4.2　回归结果和分析

在本章中，基于 Richardson(2006)的投资效率模型主要用于估计深圳证券交易所上市公司的投资过度与投资不足程度，并作为模型(6-2)和模型(6-3)的因变量，因此其结果不做赘述。本章重点关注模型(6-2)和模型(6-3)的回归结果，其中包括 XBRL 对全样本上市公司(未区分投资过度和投资不足)投资效率的影响以及 XBRL 分别对投资过度样本组和投资不足样本组的影响。

1. 全样本回归结果(未区分投资过度和投资不足)

在全样本回归中，本章并未区分投资过度样本和投资不足样本，而是选择用 $I^{\varepsilon}_{NEW,t}$ 的绝对值作为企业投资效率的偏离程度(非效率投资程度)，在模型(6-2)和模型(6-3)中进行检验。表 6-4 分别列示了模型(6-2)和模型(6-3)的回归结果。从模型(6-2)和模型(6-3)的回归结果中可以看到，虚拟变量 XBRL 的系数分别在 1%的水平上和 5%的水平上显著为负(分别为−0.019 和−0.020)，表明当 XBRL 技术正式采用后，深圳证券交易所上市公司投资过度或投资不足的程度降低了约 2%，说明 XBRL 的应用显著提高了深圳证券交易所上市公司的投资效率。

交互项 ex 是本章主要的测试变量，衡量着 XBRL 对参加试点的"深证成分股指数"样本公司和其他未参加试点的深圳证券交易所上市公司的作用效果的不同。ex 在模型(6-2)和模型(6-3)中的系数分别为 0.022 和 0.025，且分别在 1%和 5%的水平上显著为正，表明 XBRL 的采用对参加试点的"深证成分股指数"样本公司投资效率的提升程度要比其他未参加试点的公司高 2.2 个或 2.5

个百分点。这意味着，相对于其他未参加试点的公司，XBRL 的应用对试点公司的作用更加明显，这与描述性统计中得到的结果相一致，同时也证明了本章的假设 6-1。

本章主要从管理科学中的学习曲线(Learning Curves)理论解释这一结论(Wright，1936)。具体来说，企业可通过以下两种方法对新知识和技术进行学习。第一种是跨组织学习，即通过知识和技术在各组织之间的传递进行学习，各组织之间的关系影响着学习的效果(Argote et al.，2003)。第二种是组织内部的学习，其中包括最经典的"干中学"(Learning-by-doing)模式(Adler and Clark，1991)。企业可在对过去的行为、经验进行重复、总结和不断试错中进行学习(Cohen and Levinthal，1990)。在 XBRL 试点和正式采用阶段，未参加试点的深圳证券交易所上市公司可通过对试点公司试点过程的观察和学习，来获取应用 XBRL 技术的经验。而试点公司经过四年试点期的应用，能够获得更多的实践经验。由此可见，在学习曲线的作用下，XBRL 财务报送系统的应用从整体上提高了深圳证券交易所上市公司的投资效率，且试点公司投资效率的提升幅度更加明显。另一方面，改革的效果以及新知识技术的吸收和掌握具有时滞性。经过四年的试点时间，XBRL 对试点公司的投资效率发挥了更加积极的作用，而对于未参加试点的公司来说，2008 年至 2011 年只是 XBRL 应用的起步阶段，其对该类公司更大的作用效果很可能在以后年限才能体现出来。

从控制变量上看，衡量企业盈利能力的总资产净利润率 ROA 在两个模型中均与非效率投资程度之间存在显著的正相关关系，这与姜付秀等(2009)等相关文献的结论保持一致，表明企业盈利能力的增强会造成非效率投资行为。这可能是因为我国上市公司普遍具有股权融资冲动，即只要条件允许，企业就会通过增发、配股等方式进行股权融资，而通常情况下，满足股权融资条件的公司是那些业绩水平较好的公司(姜付秀等，2009)。因此，业绩水平的提高会助长企业的过度投资行为，从而扩大了投资效率的偏离程度。这一结论同样解释了描述性统计表 6-3 中的结果，即由于未参加试点的上市公司的 ROA 在正式采用期有了大幅的提高，其对企业投资规模的促进作用稀释了 XBRL 对非效率投资的抑制作用。此外，在模型(6-2)的回归结果中，代表公司规模的总资产自然对数在 1%的水平上显著为正，表明公司规模的扩大会导致非效率投资程度的加大。有两个原因可能造成了这一结果。首先，相对于规模较小的公司，大公司自身的优势能够为其赢得更多的未预期投资机会，从而提高投资金额。其次，在许多公司的管理层薪酬计划中，管理层的收益是公司规模的增函数，所以管理层有动机通过扩大企业的规模来最大化自身的利益，从而造成对最优投资规模的偏离(Conyon and Murphy，2000)。在模型(6-3)的回归结果中，代表公司治理变量的董事会人数 Board 的系数在 1%的水平上显著为负，说明公司董事会的人数越多，企业非效率投资程度越低。这意味着在一定程度上扩大董事会规模，有助于提高企业的投资效率。

表 6-4　XBRL 与投资效率模型的回归结果(全样本回归)

变量	$I^{\varepsilon}_{NEWi,t}$——第一种度量方式	$I^{\varepsilon}_{NEWi,t}$——第二种度量方式
	模型(6-2)	模型(6-3)
截距	−0.044**	0.106***
XBRL	−0.019***	−0.020**
Index	−0.007	−0.010
ex	0.022***	0.025**
Size	0.004***	−0.002
Board	0.001	−0.003***
Ind	−0.002	0.006**
Div	−0.001	—
ROA	0.032***	0.060***
Atl	−0.002	—
FCF	−0.012**	−0.002
Laglr	—	0.218***
Mhdper	—	−0.018
行业虚拟变量	controlled	controlled
Adj. R^2	0.088 2	0.137 0
N	3 487	3 761

注：***、**、*分别表示在1%、5%、10%的置信水平上显著。

2. 分样本回归

为进一步考察 XBRL 分别对投资过度和投资不足的影响，本章将总样本细分为投资过度样本[模型(6-1)中残差大于 0 的样本]和投资不足样本[模型(6-1)中残差小于 0 的样本]，分别进行了回归。分组回归的结果列示在表 6-5 中。从表 6-5 的回归结果中可以发现，在投资不足样本中，XBRL 的系数在 10%的水平上显著为正，表明 XBRL 的应用显著地缓解了企业投资不足现象，拉近了未预期新增投资额的实际值与预期值之间的距离。然而，在投资过度样本的回归结果中，虽然 XBRL 的系数为负，但并不显著，表明 XBRL 的应用在一定程度上缓解了企业的过度投资现象，但其作用效果并不十分明显，这一结果证明了本章的假设 6-2。尽管本章的研究结果表明，XBRL 作为一种新型的财务信息生成和报送方式，能够从整体上提高企业的投资效率，但仍存在其他因素制约了其对投资过度作用效果的发挥。例如，当前我国经济形势的整体表现是投资相对过热(努里尔·鲁比尼，2011)，宏观经济形势的影响势必会稀释 XBRL 对投资过度的抑制作用。Zarathustra(2012)指出，近几年来，中国的投资额占总产出的比例，已从 2008 年的 40%左右，增长到 2012 年的 50%左右。IMF 也在一份工作论文中预警了中国投资过度可能带来的风险(蒋飞，2012)。因此，XBRL 在投资过度样本中的作用并不十分明显。同时需指出的是，XBRL 的实施仍属于初期阶段，尽管现阶段其在缓解投资过度上所做的贡献并不够凸显，但其长期效果依然值得期待和关注。在投资不足样本中，交互项 ex 的系数显著为负，再一次验证了 XBRL 对参加试点的“深证成分股指数”样本公司的作用要优于其他未参加试点的公司。

从控制变量的结果来看，在投资过度样本中，企业规模与过度投资在 1%的水平上显著正相关，再一次印证了 Conyon and Murphy(2000)的结论，即管理层会通过扩大公司规模的行为来谋取更多的私人利益，从而造成了过度投资现象。董事会规模的回归系数在 5%的水平上显著为正，这与 Richardson(2006)的结果相似，表明董事会的规模越大，其治理效果越差，企业的过度投资程度越高。独立董事个数的系数在 5%的水平上显著为负，说明独立董事很好地发挥了其公司治理作用，在一定程度上抑制了企业过度投资行为的产生。企业的业绩水平(ROA)与过度投资行为在 1%的水平上显著正相关，再一次证明了我国上市公司普遍具有股权融资冲动，即那些盈利水平较高，且满足股权融资条件的上市公司，会通过增发、配股等股权融资方式融入资本进行投资，从而造成投资过度现象(姜付秀等，2009)。在投资不足样本中，资产负债率的系数在 5%的水平上显著为正，表明负债率越高的企业，投资不足的程度越低。自由现金流的系数同样在 5%的水平上显著为负，表明自由现金流的增加会加大企业的投资金额，这与 Richardson(2006)、杨华军和胡奕明(2007)的结论一致。

表 6-5　区分投资过度和投资不足的模型(6-1)的回归结果

投资过度(当 $I^{\varepsilon}_{NEW,t}>0$ 时)			投资不足(当 $I^{\varepsilon}_{NEW,t}<0$ 时)		
变量	系数	t 值	变量	系数	t 值
截距	−0.100**	−2.15	截距	−0.034**	−2.15
XBRL	−0.011	−0.83	XBRL	0.009*	1.71
Index	0.002	0.23	Index	0.006	1.44
ex	0.014	1.05	ex	−0.011**	−2.11
Size	0.006***	2.80	Size	0.000	0.03
Board	0.004**	2.53	Board	0.001	1.10
Ind	−0.011**	−2.28	Ind	−0.001	−0.54
Div	−0.005	−1.31	Div	0.001	0.49
ROA	0.096***	2.85	ROA	−0.006	−0.96
Atl	0.009	1.13	Atl	0.006**	2.52
FCF	−0.016	−1.54	FCF	0.010**	2.43
行业虚拟变量	controlled		行业虚拟变量	controlled	
Adj. R^2	0.106 6		Adj. R^2	0.123 0	

注：***、**、*分别表示在1%、5%、10%的置信水平上显著。

6.4.3　稳健性检验

为剔除模型中可能存在的样本选择性偏差这一内生性问题，本章在稳健性检验中采用了 Heckman 两阶段模型法，如模型(6-4)、模型(6-5)和模型(6-6)所示。其中，模型(6-4)为 Heckman 第一阶段检验，模型(6-5)和模型(6-6)分别为对模型(6-2)和模型(6-3)的 Heckman 第二阶段检验。深圳证券交易所根据其上市公司的规模、上市年限、市场流通性、财务状况以及违规情况五个要素筛选出“深证成分股指数”样本公司。因此，在第一阶段的模型(6-4)中，本章通过以上五个要素估计出逆米尔斯率(Inverse Mills Ratio)，并将这一比率带入第二阶段的 XBRL 与投资效率关系模型中，得到模型(6-5)和模型(6-6)，从而克服内生性问题。稳健性检验的结果如表 6-6 所示。从表 6-6 中可以看到，在控制内生性问题后，其测试变量与控制变量的结果与表 6-4 保持一致[除了在模型(6-6)中，控制变量 Size 的系数由原来的不显著变成在 1%的水平上显著为负]。由此可证明本章结论具有较高的稳健性，即 XBRL 的应用从整体上提高了深圳证券交易所上市公司的投资效率，且这一作用对参加试点的“深证成分股指数”样本公司更加明显。

$$Index=\alpha_0+\alpha_1 Size+\alpha_2 YR+\alpha_3 LQ+\alpha_4 NI+\alpha_5 LE+\varepsilon \quad \text{模型(6-4)}$$

$$I^{\varepsilon}_{New,t}=\beta_0+\beta_1 XBRL+\beta_2 Index+\beta_3 ex+\beta_4 Size+\beta_5 Board+\beta_6 Ind+\beta_7 Div+\beta_8 ROA+\beta_9 Atl+\beta_{10} FCF+\beta_{11} Invmr+\beta_{12} Industry+e \quad \text{模型(6-5)}$$

$$I^{\varepsilon}_{New,t}=\beta_0+\beta_1 XBRL+\beta_2 Index+\beta_3 ex+\beta_4 Size+\beta_5 Board+\beta_6 Ind+\beta_7 ROA+\beta_8 FCF+\beta_9 Laglr+\beta_{10} Mhdper+\beta_{11} Invmr+\beta_{12} Industry+e \quad \text{模型(6-6)}$$

表 6-6　XBRL 与投资效率的稳健性检验结果

变量	$I^{\varepsilon}_{NEWi,t}$——第一种度量方式	$I^{\varepsilon}_{NEWi,t}$——第二种度量方式
	模型(6-5)	模型(6-6)
截距	−0.027	0.139***
XBRL	−0.023***	−0.028**
Index	−0.005	−0.004
ex	0.026***	0.032***
Size	0.003***	−0.003*
Board	0.001	−0.003***
Ind	−0.002	0.006*
Div	−0.002	—
ROA	0.037***	0.069***
Atl	−0.003	—
FCF	−0.010**	−0.002
Laglr	—	0.217***
Mhdper	—	−0.017
Invmr	0.008*	0.018**
行业虚拟变量	controlled	controlled
Adj. R^2	0.091 0	0.140 3
N	3 463	3 736

注：***、**、*分别表示在1%、5%、10%的置信水平上显著。

6.5 本章小结

会计信息是资本市场的主要组成部分。作为会计信息系统的主要产物，会计信息是企业进行相关经济决策的主要依据。同时，它也担负着企业与外界沟通的媒介作用，资本市场中的各外部参与者通过会计信息来了解企业真实的经营状况和发展水平。投资决策是企业重要的经济决策之一，其效率的高低影响着企业未来的盈利水平和发展潜力。会计信息主要通过两种途径来提高企业的投资决策效率。首先，以财务会计目标的决策有用性为基础，会计信息可通过自身质量的提高来增强其决策有用性，从而帮助管理层做出合理的投资决策，提高企业的投资效率；再者，会计信息质量的提高以及信息透明程度的增强，能够降低企业管理层与所有者之间、企业与外部资金提供者之间的信息不对称水平，缓解由此产生的道德风险和逆向选择问题，从而提高企业的投资效率。

本章首先在决策有用性和信息不对称两个框架下对会计信息质量与企业投资效率之间的关系进行了理论分析。具体来说，企业的投资活动包括对投资机会的识别、对未来现金流的预期以及对所面临风险的评估。而高质量的会计信息有助于管理层发现可能的投资机会，对未来的收益和风险进行较为准确的预测，并帮助他们从项目的发展前景和成长空间等方面对优秀的投资机会进行筛选。此外，管理层还可借助会计信息及时掌握项目进行过程中的相关数据，以随时调整投资策略。而在信息不对称的框架下，一方面，信息质量的提高和信息透明程度的增强可以缓解管理层与所有者、企业与外部债权人之间的道德风险问题，通过加强对管理层的监督和约束，来避免他们做出不利于所有者(或债权人)的投资行为；另一方面，信息透明程度的提高还可加深外部资金提供者对企业的了解，缓解两者之间的逆向选择问题，从而提高企业的投资效率。

从上述理论出发，本章探讨了 XBRL 对深圳证券交易所上市公司投资效率的影响。XBRL 作为一种新型的财务信息生成和报送方式，通过其标准化的数据格式和电子化的信息报送流程，从信息的相关性、可靠性、准确性、及时性、可比性、可获得性以及透明程度等方面全面地提高了会计信息的质量。因此，本章预期 XBRL 的应用会提高深圳证券交易所上市公司的投资效率，且经过四年试点期的熟悉与试验，这一作用在参加试点的“深证成分股指数”样本公司中体现得更加明显。为更好地了解 XBRL 的作用效果，本章还分别考察了 XBRL 对企业投资过度和投资不足的影响，并预期它能更好地改善企业投资不足的问题，且这一作用效果同样在参加试点的公司中体现得更加明显。

本章采用深圳证券交易所上市公司 2004—2011 年的数据，选择参加试点的“深证成分股指数”样本公司为控制组，其他未参加试点的深圳证券交易所上市公司为测试组，以 2004 年至 2007 年为试点期，2008 年至 2011 年为正式采用期进行研究。实证结果表明，XBRL 从整体上提高了深圳证券交易所上市公司的投资效率；相对于投资过度，XBRL 能更好地改善企业的投资不足问题；以上两个结论均在参加试点的“深证成分股指数样本”公司中体现得更加明显。以上的结果均印证了本章的两个假设。

本章的研究扩展和丰富了关于 XBRL 财务报送系统在我国应用效果的相关研究，为在决策有用性和信息不对称条件下提高企业的投资效率提供了新的解决途径。同时，本章的研究为在我国如何更好地应用 XBRL 技术起到启示性的作用。

第 7 章 XBRL 与企业经营效率

7.1 引　言

经营活动是指那些为企业日常生产经营而发生的一系列与资金收支有关的行为。从现金流量表的构成来看，经营活动主要包括为进行生产而购买原材料、接受劳务所支付的资金，为员工支付的薪金和其他营业费用，以及出售商品和劳务所赚取的销售收入等行为。经营活动是企业最基本的一项财务活动，就好比植物的光合作用以及人体的造血功能，在企业经历一系列与收支相关的交易和事项后，产生出内生的现金流量，使企业能够在不借助外部资金的基础上偿还贷款，并维持基本的经营和发展。由此可见，经营活动是一个企业生存和发展的基础，管理层应努力提高企业的经营效率，以增强企业的盈利能力，满足各方的经济需求，并促进企业目标的实现。

随着经济体制改革的不断深入，经济发展水平的不断提高，会计信息在宏观经济运行中占据了越来越重要的地位。而在微观层面上，随着企业经营范围的国际化以及业务类型的多样化，会计信息在企业经营管理过程中的作用也日益提高，已然成为日常经营决策的信息来源、决策基础和战略依据。管理的核心是经营，经营的核心是决策。因此，高质量的会计信息一直是企业管理层进行有效经营管理活动的基本保障。首先，高质量的会计信息能够充分地反映企业各职能部门的运营情况，帮助管理层从整体上把握企业的发展动向，通过更加及时、准确和科学的判断来加强营运资金的使用效果，从而提高企业的经营效率。其次，管理层与所有者之间的信息不对称会造成代理问题的产生，即作为代理人的管理层存在道德风险问题，会做出损害股东利益的行为，以追求自身利益的最大化。而此时，信息质量的提高和信息透明程度的改善，能够更好地帮助所有者了解管理层的努力程度，帮助他们做出合理的管理层激励和监督计划，使管理层的行为朝着为最大化股东利益和企业业绩的方向而发展。因此，会计信息质量的好坏影响着企业经营效率的高低。

XBRL 作为一种针对财务信息生成和报送而开发的标记语言，能够通过其标准化的数据格式和电子化的编报流程，全面改善会计信息质量，加强企业内部信息和资源的集中管理和控制，从而提高企业的经营效率。例如，由于 XBRL 统一了不同信息系统间的数据格式，使得信息可以在集团企业各下属子公司之间进行自由的传递，解决了母、子公司间因系统不兼容而产生的数据获取困难的问题，强化了母公司对子公司的监督和管控。再者，XBRL 为每一个业务的原始数据和业务线索都进行了记录，因而加强了企业内部控制机制的管控力度，有效地降低或避免了存货丢失或账实不符等情况发生的可能性。另外，XBRL 可借助其网络化和智能化的信息处理模式，帮助企业及时、有效地评估客户的信用水平，调整赊销决策，以提高企业的应收账款管理水平。最后，XBRL 可借助高质量的会计信息缓解管理层与所有者以及资本市场之间的信息不对称程度，通过内、外部治理机制两种方式激励和约束管理层的行为，避免其做出不合理的决策行为。

因此，本章同样以深圳证券交易所引入和应用 XBRL 为背景，考察其对深圳证券交易所上市公司经营效率的影响，以为 XBRL 在我国的应用效果提供更多的经验证据。

7.2　理论分析与假设推演

7.2.1　基于营运资本管理角度

经营活动是企业最基本的财务活动，其目标是通过提高盈利能力来实现股东利益的最大化。而要实现这一既定目标，如何合理地管理企业现有资源，并在此基础上提高这些资源的使用效率就显得尤为重要。营运资本是企业总资产中最为活跃的组成部分，也是企业从事日常生产经营活动的主要资金来源(孔宁宁等，2009)。因此，营运资金的管理和使用关系着企业正常的经营和运转，并影响着企业的资源配置效率。良好的营运资本管理，能够在保障企业营运资本流动性的前提下，尽可能地提高其周转速度，从而创造出更多收益，以提高企业的经营效率。

存货管理是企业营运资本管理中重要的组成部分，它是指对企业在生产和销售过程中所用到的原材料、产成品或商品等资产进行监管和控制的过程。通常情况下，企业总资产的30%左右由存货构成，而这一比例在从事商业流通的企业中更高。因此，存货管理的好坏直接关系着企业的经营效率。然而现阶段，我国存货管理中还存在着以下两大问题：一是管理层无法对存货的数量和金额进行及时而准确的了解；二是存货的管理过程中存在舞弊等行为。具体来说，企业持有存货的目的是为满足未来生产和销售的需要，但是过多的存货留置需要企业支付大量的仓储费、管理费、维护费和保险费等成本费用，降低了企业的利润率。因此，管理层需通过存货管理在两者中找到最佳的平衡。然而，由于存货本身种类繁多且数目庞大，那些仅在一个固定的时间点对存货进行盘点和汇总的企业管理人员很难获得有关库存货品的及时而完整的信息，也因此无法对企业的生产和采购计划进行合理的调整，造成实际存货与预测信息相比过多或过少的局面，影响了存货的变现能力，降低了企业的经营效率。而尽管有些企业尝试将存货部分融入信息系统，但也局限于在企业内部或部门内部的应用，无法实现跨部门间的或与上下游企业间的信息共享与传递。因此，那些大型企业的管理人员仍然无法直接了解到不同地区各分(子)公司的存货情况。再者，企业内部控制自身的缺陷可能会导致存货丢失或被盗问题的出现，再加上由于存货的进出信息无法进行实时的汇总，一些偷盗行为不易被及时发现，从而造成企业经济效益的流失。XBRL财务报送系统的应用能够改善企业存货管理中存在的问题。首先，XBRL的应用能够提高信息的及时性，通过在每个时点对存货信息保存，实现内部使用者的实时读取和监控。同时，由于XBRL提供了能在不同信息系统间共享的标准化的数据格式，使母公司不再需要将子公司的数据手动传输到本地系统中，解决了母、子公司间因系统不兼容而产生的数据获取困难的问题，强化了母公司对子公司的监督和管控。此外，XBRL为每一个业务的原始数据和业务线索都进行了记录，因而加强了企业内部控制机制的管控力度，有效地减低或避免了存货丢失或账实不符情况发生的可能性。

除了存货管理，应收账款管理也是企业营运资本管理工作的重要组成部分。应收账款是指企业在销售商品或提供劳务的过程中，商品购买方或劳务接受方因暂缓付款而形成的一项企业非常重要的流动资产。若企业不同意购买方以赊销方式获得商品或劳务，可能会造成交易的取消、竞争优势的下降以及市场占有率的缩小；然而，若对赊销行为不加限制，可能会造成企业过多的坏账损失，并继而影响销售利润。因此，合理的销售决策以及后续的应收账款管理对企业经营效率的高低起着重要的作用。当企业面临一笔赊销业务时，首先需要评估可能的坏账损失率，以决定是否为客户提供赊销服务；而当企业决定接受这一赊销订单后，则需要对客户的信用等级进行评估，并根据所得出的结果提出相应的付款要求(如付款期限、折扣额度和折扣期限等)。由此可见，企业对坏账损失率的预期和对客户信用等级的评估直接决定着该笔赊销收入的收回，以及本期经营的业绩和效率。而在以上两个步骤中，均需要企业对客户的情况进行了解和调查。具体来说，企业需知晓客户过往的信用记录以确定其偿付能力和可能性；需了解抵押品的价值以估计可能的损失金额；需考虑客户的经营状况以制定相应的信用期限。然而，由于较客户相比，企业处于信息弱势地位，因此，企业无法全面地掌握客户的信用信息。同时，客户的信用状况在每一年都会存在相应的改变，即使企业获得了该信息，却很可能存在滞后性的问题。因此，信息的局限性为应收账款的有效管理带来了一定的难度。

XBRL 的应用则可以在一定程度上阻止这一系列问题的出现。在 XBRL 技术下，企业不仅可以直接从网络上获取该客户当期和过往的经营状况、业绩水平和信用记录等相关信息，增强了客户信息的可获得性和透明程度，还可以利用 XBRL 分析软件对该客户当期的经营状况进行横向(与同行业内其他公司)和纵向(与自身往期水平)进行比较，从而更全面地评估客户的信用等级，确定所使用的信用条件。而在赊销业务进行中，XBRL 技术下信息及时性的提高也可帮助企业根据客户最新的经营状况及时更新和调整该客户的信用等级，以更好地进行应收账款管理，提高企业的经营效率。

营运资本是企业一项重要的经济资源，是企业从事日常生产和经营的基础。营运资本管理水平的好坏直接影响着经营效率的高低。营运资本主要由流动资产和流动负债两部分构成，而存货和应收账款又是企业主要的流动资产。因此，存货管理和应收账款管理便显得尤为重要。XBRL 的应用能够更好地整合存货信息，并通过加强企业内部控制机制帮助管理层进行存货管理；同时，XBRL 也可通过为企业提供更全面、更相关和更及时的客户信息来帮助企业做出合理的赊销决策。因此，XBRL 技术的应用通过提高营运资本的管理水平，改善了企业的经营效率。

7.2.2 基于企业内部委托—代理关系角度

所有权与管理权的分离，以及由此产生的“委托—代理”问题是现代公司制中普遍存在又无法避免的现象。“委托—代理”问题主要包括两个方面的内容，从委托人的角度来看，股东受其能力、信息和时间所限，无法很好地完成对代理人的监管。同时，由于对代理人的监管存在“搭便车”现象，因此这种“坐享其成”的心态使委托人没有动力对代理人进行监管。而从代理人的角度来看，由于管理层与股东相比存在信息优势，且两者的效用函数不同，管理层会做出损害股东利益的行为以追求自身利益的最大化，即企业内部存在道德风险问题。由此可见，如何缓解这种“委托—代理”问题，对于一个企业的发展至关重要。而公司治理机制的出现正是为了缓解股东与管理层之间的这种代理问题。企业的公司治理分为内部治理机制和外部治理机制两部分。内部治理机制是指通过企业内部的组织架构和权力分配来约束代理人的道德风险行为、降低代理成本并提高企业的经营效率。外部治理机制是对内部治理机制的一种补充，它通过市场、政府和社会等渠道，对管理层的行为进行激励、约束和评价，以保证企业的运营效率。在以上各治理机制中，会计信息占据着举足轻重的地位。会计信息在公司治理中承担着沟通、监督和评价的角色，它是公司治理机制得以建立的基本条件，也是该机制得以有效运行的基本保证。高质量的会计信息通过更好地反映管理层对受托责任和财产的履行和利用情况，来帮助股东、资本市场和经理人市场评价和衡量管理人员的能力、努力水平和人力资本价值，并以此来激励和监督管理层的行为，从而达到提高企业经营效率的作用。

首先，从内部治理机制的角度来看，会计信息对管理层的行为起到了激励和监督的作用。企业的经营效率在很大程度上取决于管理层的努力水平。然而，受信息不对称和监督、观察成本的限制，股东无法了解管理层的真实行为。管理层便可利用这一机会以损失股东利益为代价来追求自身效用的最大化，即产生道德风险问题。比如，管理层没有尽职尽责地完成任务，而是通过要求更多的薪金、支付过高的在职消费等手段挥霍和窃取公司的利益，并将经营状况恶化的原因归咎于宏观环境等不可控因素，造成企业经营效率的降低。而会计信息是衡量管理层行为的重要指标。所有者会设计与企业经营绩效相挂钩的管理层薪酬契约，使管理层的薪酬取决于(或部分取决于)其自身的努力程度，以激励管理层努力提高企业的运营状况和产出水平。同时，信息透明度的增加也能帮助所有者更好地监督和约束管理层的行为，以避免其做出有损企业经营效率的行为。

其次，从外部公司治理机制的角度来看，会计信息对管理层的行为也起到了监督和约束的作用。外部治理机制主要包括资本市场、经理人市场等外部力量对管理层的监管。当企业的经营业绩不佳，或发生持续亏损的行为时，资本市场中各参与者会通过透明的会计信息了解企业真实的经营状况，使企业面临被收购和接管的风险；同时，企业管理人员的声誉及努力程度也会通过会计信息传递到经理人市场中，帮助该市场合理评估管理层的人力资本价值，使管理层在企业业绩不佳或发生失职行为时存在被撤换的风险。由此可见，在外部公司治理机制中，高质量的会计信息通过向资本市场和经理人市场传递有关管理层表现和人力资本价值方面的信息，来监督管理层的行为，约束可能存在的道德风险问题，继而提高企业的经营效率。

通过以上分析可以发现，会计信息在企业日常的经营活动中发挥着重要的作用。高质量的会计信息通过加强企业营运资本的管理水平、提高公司治理的运作效果以及缓解管理层与所有者之间的道德风险问题来提高企业的经营效率。由此可见，改善会计信息质量是提高企业经营效率的重要途径。由于 XBRL 可通过其独特的信息生成和报送方式，全面地提高会计信息质量，因此，本章预期 XBRL 技术的采用能够提高企业的经营效率。

与上一章相同，本章同样以深圳证券交易所上市公司为研究对象，以 2004 年至 2007 年为试点期，2008 年至 2011 年为正式采用期，选择在试点期参加试点的“深证成分股指数”样本公司为控制组，其他未参加试点的深圳证券交易所上市公司为测试组进行研究。同样，相对于未参加试点的上市公司，经过四年试点期的学习和实践，XBRL 对经营效率的改善作用应在参加试点的“深证成分股指数”样本公司中体现得更加明显。因此，本章提出如下假设。

假设 7-1：XBRL 的应用从整体上提高了企业的经营效率，且相对于其他未参加试点的深圳证券交易所上市公司(测试组)，XBRL 对参加试点的“深证成分股指数”样本公司(控制组)经营效率的作用更加明显。

7.3　研究设计

7.3.1　样本选择与数据来源

本章主要以深圳证券交易所上市公司为对象进行研究。具体来说，由于深圳证券交易所于 2005 年 2 月开始在其网站上披露“深证成分股指数”样本公司 2004 年年报实例文档，于 2009 年 2 月披露全部上市公司 2008 年年报 XBRL 实例文档。因此，本章以 2008 年为转折年度，选取 2004 年至 2007 年为 XBRL 试点期，2008 年至 2011 年为 XBRL 正式采用期，以参加试点的“深证成分股指数”样本公司为控制组，其他未参加试点的上市公司为测试组进行研究。除虚拟变量 XBRL 和 Index 的数据是通过在深圳证券交易所网站上手工搜集以外，其他数据均来自 CSMAR 数据库。此外，本章在 1% 和 99% 的水平上对所有变量(不包括虚拟变量)进行了缩尾处理，以剔除异常值对本章结果的影响。

7.3.2 模型设定

本章主要通过模型(7-1)来研究 XBRL 对深圳证券交易所上市公司经营效率的影响。

$$OE=\beta_0+\beta_1 XBRL+\beta_2 Index+\beta_3 ex+\beta_4 Size+\beta_5 Ind+\beta_6 ROA+\beta_7 Leverage+\beta_8 MPer+\beta_9 Industry+e \qquad \text{模型(7-1)}$$

模型(7-1)中的因变量为企业的经营效率。已有研究常采用总资产周转率、应收账款周转率、存货周转率和营运资本周转率等财务指标来衡量企业的经营效率。然而，单一的度量指标(如存货周转率、应收账款周转率)容易产生矛盾和冲突，而营运资本周转率能够更好地从整体上把握企业日常的营运状况(王竹泉等，2007)。因此，本章选择营运资本周转率作为企业经营效率的替代变量。

测试变量为 XBRL、Index 和 ex。当时间为 2004—2007 年试点期时，XBRL 取 0；当时间为 2008—2011 年正式采用期时，XBRL 取 1。当样本为参加试点的“深证成分股指数”样本公司(控制组)时，Index 取 0；当样本为其他未参加试点的上市公司(测试组)时，Index 等于 1。变量 ex 为 XBRL 和 Index 的交互变量。

本章根据已有文献对控制变量进行了选取。汪平和闫甜(2007)指出营运资本使用效率受企业业绩水平的影响。在进一步对我国零售企业进行实证研究后，刘怀义(2010)发现公司规模和资产负债水平同样影响着企业营运资本的管理情况。因此本章同样选择公司规模、资产负债率和 ROA 作为控制变量。此外，本章还控制了公司治理的相关变量(如独立董事人数和管理层持股比例)以及行业因素的影响。各变量的定义及取值情况见表 7-1。

表 7-1　变量定义表

模型	变量性质	变量代码	变量名称	变量定义
模型(7-1)	被解释变量	OE	企业经营效率	第 t 年营运资本周转率
	测试变量	XBRL	XBRL	当年度是 2004—2007 年时取 0，当年度是 2008—2011 年时取 1
		Index	Index	当为参加试点的“深证成分股指数”样本公司时取 0，为其他未参加试点的上市公司时取 1
		ex	XBRL * Index	XBRL * Index
	控制变量	Size	公司规模	第 t 年年末总资产的自然对数
		Ind	独立董事个数	第 t 年独立董事个数
		ROA	总资产净利润率	企业总资产净利润率
		Leverage	资产负债率	企业资产负债率
		Mhdper	管理层持股比例	管理层持股比例
		Industry	行业虚拟变量	属于该行业取 1，否则为 0。采用中国证监会行业分类标准

7.4　实证检验与结果分析

7.4.1　描述性统计

本章将样本组划分为参加试点的“深证成分股指数”样本公司(控制组)和其他未参加试点的深圳证券交易所上市公司(测试组)，并区分试点期(2004—2007 年)和正式采用期(2008—2011 年)，分别进行了主要变量的描述性统计。描述性统计的结果如表 7-2 和表 7-3 所示。从该描述性统计中可发现：

首先，从表 7-2 中可看到，参加试点的“深证成分股指数”样本公司营运资本周转率的均值有了显著提高，即从试点期的 3.698 提高到正式采用期的 16.347。这一结果初步表明经过了四年试点期的熟悉和改进，在正式采用后，XBRL 更进一步地提高了试点公司的经营效率。

其次，XBRL 正式采用后，未参加试点的深圳证券交易所上市公司的营运资本周转率也有了一定程度的提高，即从试点期的 3.477 上升至正式采用期的

4.951，证明XBRL的应用同样提高了未参加试点的深圳证券交易所上市公司的经营效率。

其他控制变量的描述性统计结果如表7-2和表7-3所示。在表7-2中，参加试点的“深证成分股指数”样本公司的规模在正式采用期有了一定的增长(总资产自然对数的均值从22.978提高到23.689)，但其独立董事个数未发生明显的改变(独立董事个数从3.674增加至3.938)；各公司的业绩出现了些许的下滑(ROA的平均值由0.083下降到0.081)；资产负债率的均值在试点期和正式采用期分别为0.452和0.521，说明试点公司的总资产有近一半来自负债，且这一比例呈现上升趋势。管理层的持股比例有了大幅的提高，其在正式采用期的持股份额约为试点期的2倍。

在表7-3中，其他未参加试点的上市公司的规模和独立董事个数在试点期和正式采用期均未发生明显的变化。ROA的平均值由试点期的0.017增加到正式采用期的0.052，其标准差也分别为0.086和0.054，表明从2008年到2011年企业的业绩水平有所增加，且各企业间的业绩差异有所缩小。资产负债率在正式采用期有了一定程度的下降。与之相反的是，管理层的持股比例有了大幅的上升，即均值由0.033上升到0.169。

最后，为更直观地得到经营效率的变化趋势，本章根据表7-2和表7-3的情况，绘制出了营运资本周转率均值的折线图，如图7-1所示。从图7-1中可以看到，试点公司和其他未参加试点的上市公司的营运资本周转率在XBRL正式采用后都得到了一定程度的提高。但是，试点公司营运资本周转率在两个期间的上升幅度明显高于非试点公司。这也初步证明了本章的假设，即XBRL的应用从整体上提高了深圳证券交易所上市公司的经营效率，且这一作用在参加试点的“深证成分股指数”样本公司中体现得更加明显。

表7-2　试点公司在试点期和正式采用期的描述性统计

变量	均值		中位数		最大值		最小值		标准差	
	试点	正式采用	试点	正式采用	试点	正式采用	试点	正式采用	试点	正式采用
OE	3.698	16.347	2.143	4.015	119.096	119.096	−41.189	−41.189	18.389	32.677
Size	22.978	23.689	22.973	24.019	24.302	24.302	21.322	21.669	0.768	0.680
Ind	3.674	3.938	3.000	4.000	5.000	5.000	2.000	3.000	0.868	0.820
ROA	0.083	0.081	0.073	0.063	0.206	0.206	−0.050	−0.134	0.053	0.063
Leverage	0.452	0.521	0.478	0.541	0.977	0.819	0.048	0.056	0.191	0.173
Mhdper	0.006	0.014	0.000	0.000	0.340	0.304	0	0	0.039	0.052

表 7-3　未参加试点的公司在试点期和正式采用期的描述性统计

变量	均值		中位数		最大值		最小值		标准差	
	试点	正式采用	试点	正式采用	试点	正式采用	试点	正式采用	试点	正式采用
OE	3.477	4.951	1.336	1.479	119.096	119.096	−41.189	−41.189	18.801	15.104
Size	20.998	21.169	20.962	21.079	24.126	24.302	18.950	18.950	0.895	0.907
Ind	3.208	3.172	3.000	3.000	5.000	5.000	2.000	2.000	0.666	0.558
ROA	0.017	0.052	0.026	0.052	0.206	0.206	−0.322	−0.322	0.086	0.054
Leverage	0.546	0.363	0.521	0.335	1.922	1.922	0.030	0.030	0.310	0.237
Mhdper	0.033	0.169	0.000	0.003	0.710	0.710	0	0	0.112	0.233

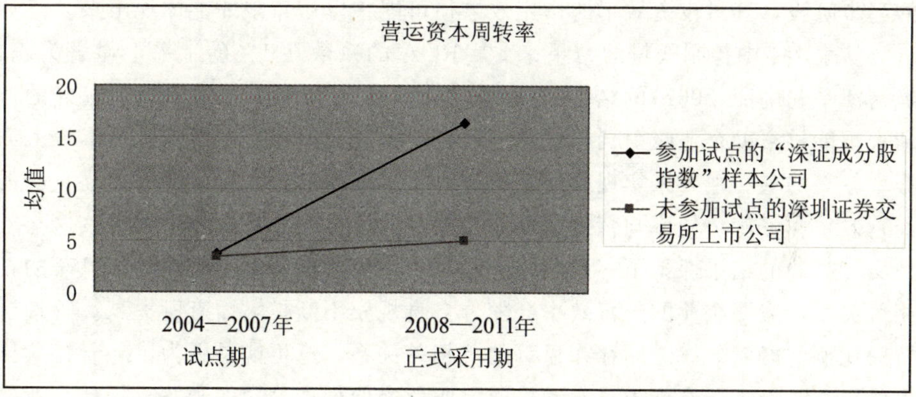

图 7-1　样本公司营运资本周转率均值的变化

7.4.2　回归结果和分析

模型(7-1)的回归结果如表 7-4 所示。虚拟变量 XBRL 的系数在 1%的水平上显著为正(其系数值为 12.78)，表明当 XBRL 正式采用后，深圳证券交易所上市公司的营运资金周转效率提高了 12 个单位，即在相同的营运资源水平上，企业能够创造出更多的收益，从而证明 XBRL 的应用提高了深圳证券交易所上市公司的经营效率。

交互项 ex 是本章主要的测试变量，衡量着 XBRL 对参加试点的“深证成分股指数"样本公司和其他未参加试点的深圳证券交易所上市公司的作用效果的不同。ex 的系数为－10.22，且在1%的水平上显著为负，表明 XBRL 的采用对试点公司经营效率的提升程度要比其他未参加试点的公司高 10 个单位。这意味着，相对于其他未参加试点的公司，XBRL 的应用对试点公司的作用更加明显，这与描述性统计中得到的结果相一致，同时也证明了本章的假设。

我们同样可以用上文中提到的"学习曲线"效应来解释这一结果。具体来说，一方面，经过四年的试点期的实践，"深证成分股指数"样本公司已逐步熟悉了 XBRL 技术，因而在该技术正式采用后，能够更好地提高该类企业的经营决策效率。而对于未参加试点的深圳证券交易所上市公司来说，最开始使用的几年仍属于起步阶段，企业还需对这一新的变革进行进一步的了解和适应，因此，其对经营效率的作用效果不如试点公司那么明显。另一方面，改革的效果具有时滞性。经过四年的试点时间，XBRL 对试点公司的经营效率发挥了积极的作用，而对于未参加试点的公司来说，2008 年至 2011 年只是 XBRL 应用的起步阶段，其对投资效率的作用效果很可能在以后年限才能体现出来。

从表 7-4 中控制变量的结果来看，ROA 的系数在1%的水平上显著为正，这与汪平和闫甜(2007)的结论相一致。ROA 代表企业的业绩水平，较好的业绩表现能够帮助企业吸引到更优质的项目。企业通过将有限的营运资本投入回报率较高的项目上，来实现现有营运资本水平效用的最大化，继而提高自身的经营效率。资产负债率与营运资本周转率在1%的水平上显著正相关，这与刘怀义(2010)的结果保持了一致。此外，公司规模与经营效率之间存在显著的正相关关系，表明企业的经营效率会随着自身规模不断扩大而有所提高。管理层持股比例与经营效率之间存在显著的负相关关系，这可能是因为，随着持股比例的提高，管理层有能力且有动机通过职务之便侵占公司的利益，降低企业的经营效率。

表 7-4　XBRL 与经营效率模型的回归结果

变量	系数	t 值
截距	－19.23	－2.92
XBRL	12.78***	5.89
Index	3.48**	2.15
ex	－10.22***	－4.59
Size	1.01***	3.52

续表

变量	系数	t 值
Ind	−1.37***	−3.54
ROA	12.69***	3.32
Leverage	5.55***	5.35
MPer	−3.20**	−2.43
行业虚拟变量	controlled	
Adj. R^2	0.049 4	
N	5 623	

注：***、**、*分别表示在 1%、5%、10%的置信水平上显著。

7.4.3　稳健性检验

为剔除模型中可能存在的样本选择性偏差这一内生性问题，本章同样在稳健性检验中采用了 Heckman 两阶段模型法，如模型(7-2)和模型(7-3)所示。深圳证券交易所根据其上市公司的规模、上市年限、市场流通性、财务状况以及违规情况五个要素筛选出“深证成分股指数”样本公司。因此，在第一阶段选择方程中，本章通过以上五个要素估计出逆米尔斯率(Inverse Mills Ratio)，并将这一比率带入第二阶段的经营效率回归模型中，从而克服可能存在的内生性问题。稳健性检验的结果如表 7-5 所示。从表 7-5 中可以看到，在控制内生性问题后，其系数和显著性水平与表 7-4 基本保持一致。由此可证明，本章的结论具有较高的稳健性，即 XBRL 的应用从整体上提高了深圳证券交易所上市公司的经营效率，且这一作用在参加试点的“深证成分股指数”样本公司中体现得更加明显。

$$Index=\alpha_0+\alpha_1 Size+\alpha_2 YR+\alpha_3 LQ+\alpha_4 NI+\alpha_5 LE+\varepsilon \quad \text{模型(7-2)}$$

$$OE=\beta_0+\beta_1 XBRL+\beta_2 Index+\beta_3 ex+\beta_4 Size+\beta_5 Ind+\beta_6 ROA+\beta_7 Leverage+\beta_8 MPer+\beta_9 Invmr+\beta_{10} Industry+e \quad \text{模型(7-3)}$$

表 7-5　XBRL 与经营效率的稳健性检验结果

变量	系数	t 值
截距	−11.17	−1.46
XBRL	11.64***	5.00
Index	3.96**	2.34

续表

变量	系数	t 值
ex	−8.97***	−3.78
Size	0.59**	1.66
Ind	−1.39***	−3.56
ROA	13.93***	3.56
Leverage	6.24***	5.65
MPer	−3.25**	−2.45
Invmr	2.55	1.47
行业虚拟变量	controlled	
Adj. R^2	0.050 2	
N	5 576	

注：***、**、*分别表示在1%、5%、10%的置信水平上显著。

7.5　本章小结

根据现代管理学的观点，管理的核心是经营，经营的核心是决策。企业日常的经营活动是由一个个经营决策构成的，合理高效的经营决策能够在有限的资源水平上创造出最大化的经济收益，使企业在不借助外部融资的帮助下能够偿还贷款，并维持基本的经营与发展。会计信息是按照一定的准则和法规，通过一定的方法和程序所形成的，描述企业经济和非经济状况的信息。它是管理层进行经营决策的信息基础和决策依据，帮助管理层及时准确地掌握企业的经济活动和发展状况。因此，高质量的会计信息能够优化企业的经营决策，提高企业的经营效率。

本章首先从营运资本管理状况和管理层与股东之间的信息不对称两个方面探讨了 XBRL 对企业经营效率的影响。一方面，XBRL 模式下统一的数据格式和电子化的数据传递流程，能够加强企业内部信息和资源的集中管理和控制，从而帮助管理层进行经营决策。具体来说，存货和应收账款是企业最为重要的两类营运资本。管理层可借助 XBRL 标准化的数据格式和智能化的信息处理流程及时和准确地了解企业(特别是集团公司各子(分)公司)的存货管理情况，以及时做出调配等相关决策，提高存货的周转效率。同时，在进行赊销决策时，企业还可通过 XBRL 平台，对客户以往的经营状况和信用水平进行详尽了解和对比分析，以做出合理的信贷决策，保护应收账款的回收效率。另一方面，从信息不对称的角度来看，及时、准确、透明的会计信息能够更好地反映管理层的努力程度，帮助股东监督管理层的行为，制订合理的激励和监督计划，以降低管理层的道德风险和机会主义行为，提高企业的盈利能力。此外，信息透明程度的改善，能够提高外部治理机制（如资本市场和经理人市场）对管理层行为的了解程度，并通过资本市场中的收购行为以及管理人员的人力资本价值来激励和约束管理层的行为，以提高企业的经营效率。

在以上理论分析的基础上，本章通过实证分析的方法验证了 XBRL 的采用对深圳证券交易所上市公司经营效率的影响。具体来说，本章选择参加试点的“深证成分股指数”样本公司为控制组，其他未参加试点的深圳证券交易所上市公司为测试组，以 2004 年至 2007 年为试点期，2008 年至 2011 年为正式采用期进行研究。本章的研究结果表明，XBRL 的应用从总体上提高了深圳证券交易所上市公司的经营效率。同时，XBRL 技术的引入和应用遵循学习曲线效应，即其对参加试点的“深证成分股指数”样本公司经营效率的作用更加明显。

本章的研究扩展和丰富了有关 XBRL 技术在我国应用效果的相关研究，为在决策有用性和信息不对称条件下如何提高企业的经营效率提供了新的解决途径。同时，本章的研究也为在我国如何更好地应用 XBRL 技术提供了启示性的作用。

第 8 章 研究结论、政策建议、局限性与研究展望

8.1 研究结论

企业的生存和发展由一个个决策构成，决策的合理性以及有效性决定着企业的经营状况和未来发展水平。作为管理层进行决策的主要信息来源和依据，会计信息质量的好坏在很大程度上决定了管理层决策效率的高低。因此，为保证企业的决策效率，一方面，应努力提高会计信息与决策的相关程度，强化会计信息的决策支持作用，使管理层在决策时做到“有据可依、有根可循”；另一方面，资本市场中的信息不对称，及其引起的道德风险和逆向选择问题，会使得作为内部信息拥有者的管理层通过隐蔽的行为和隐蔽的信息，以损害公司或股东的利益为代价来实现自身财富的最大化。基于此，应努力提高会计信息的披露水平以加强对管理层的激励和监督，及时发现和解决潜在的管理问题，确保管理层在经营管理过程中的决策效率。综上所述，作为企业管理信息系统的重要组成部分，应加强会计信息系统运行的有效性，改善其所产生的会计信息的质量，以帮助管理层做出更合理的经济决策。

XBRL 这一新型的财务信息生成和报送方式诞生于 20 世纪 90 年代末。与原有的会计信息系统运行模式相比，XBRL 借助计算机语言和网络技术，通过统一的数据格式，电子化的信息生成、传递和获取流程，从相关性、可靠性、可比性、可获得性等质量特征方面提高了会计信息的质量，改善了信息的透明程度。由此可见，XBRL 不仅仅是一门计算机语言和一种信息处理工具，更是

对会计信息系统和信息处理模式的变革。

因此，本书基于会计目标的决策有用性和信息不对称两个角度，从公司层面出发，分析了 XBRL 的决策导向作用。具体来说，本书以深圳证券交易所试点采用和正式推行 XBRL 技术为背景，选取深圳证券交易所上市公司为研究对象，通过设置测试组和控制组的方法，在同时控制了所属行业和公司规模、风险水平、治理环境等相关公司特征变量后，实证考察了 XBRL 技术对管理层融资决策、投资决策和经营决策效率的影响。与此同时，本书为每一部分实证检验进行了稳健性测试，以去除可能存在的样本选择性偏差这一内生性问题，从而确保研究结论的可靠性。

通过相关理论分析和实证检验，本书主要得到了以下几点研究结论：

第一，XBRL 技术的应用未能提高上市公司的融资效率。本书从债务融资成本和股权融资成本两个角度出发，研究了 XBRL 的应用对深圳证券交易所上市公司融资效率的影响。本书选择参加试点的"深证成分股指数"样本公司为控制组，其他未参加试点的深圳证券交易所上市公司为测试组，以 2004 年至 2007 年为试点期，2008 年至 2011 年为正式采用期进行研究。研究结果表明，XBRL 的应用并未如预期的那样提高了深圳证券交易所上市公司的融资效率(包括债务融资效率和股权融资效率)；且相对于其他未参加试点的深圳证券交易所上市公司，参加试点的"深证成分股指数"样本公司的融资效率也未有明显的好转。这一结果在控制了可能存在的内生性问题后依然存在。

本书分析，产生这一结果的原因可能有以下几点：首先，作为主要债权人的银行等金融机构在进行出资决策时，除了考虑企业财务报表中的信息，还需要掌握如企业的口碑等财务报表以外的信息。尽管 XBRL 的应用能够提高财务报表信息的质量，但仍无法完全满足债权人的要求。因此，其作用效果也不如预期的那样明显。其次，2008 年全球金融危机的爆发为各国企业造成了巨大的影响。经济环境的恶化、市场风险的加剧以及企业经营情况的萎靡，迫使投资者越来越关注自身利益的保护。为了保障其出资安全，银行很可能会采取提高贷款利率的方式以弥补可能遭受的损失。而此时，仅作为一种新型财务报送方式的 XBRL，虽然能在一定程度上提高企业的财务信息质量，却也无法在这一经济环境下降低债权人的出资成本。再者，尽管近些年来我国资本市场有了很大程度的发展，但仍存在投机性较强，投资者专业知识匮乏、专业技能较弱的弱点。一项决策效率的提高，除了取决于所依托的信息质量的高低，还取决于决策者对该信息的利用情况。虽然 XBRL 的应用提高了上市公司所披露的信息质量，但资本市场中潜在投资者专业技能的缺乏仍会制约 XBRL 作用的发挥。综上所述，XBRL 的应用并未如预期的那样提高了深圳证券交易所上市公司的债务融资效率和股权融资效率。

第二，XBRL 技术的应用提高了深圳证券交易所上市公司的投资效率。采用深圳证券交易所上市公司 2004 年至 2011 年的数据，我们首先通过 Richardson(2006)的投资期望模型分离出企业的非效率投资，并采用两种方法对投资效率进行度量。在此基础上，我们将在 2004 年至 2008 年之间参加 XBRL 技术试点的“深证成分股指数”样本公司设为控制组，将其他未参加试点的深圳证券交易所上市公司设为测试组，通过多元回归的方法进行了实证检验。本书的回归结果表明，从整体上来说，XBRL 技术的应用提高了深圳证券交易所上市公司的投资效率，且这一作用在参加试点的“深证成分股指数”样本公司中体现得更加明显，即与未参加试点的深圳证券交易所上市公司相比，XBRL 技术更好地提高了试点企业的投资效率。

为区分 XBRL 对投资过度和投资不足不同的作用效果，本书根据 Richardson(2006)中分离出的非效率投资，进一步将样本划分为投资过度和投资不足两部分。其经验数据结果显示，与投资过度相比，XBRL 的应用更好地改善了深圳证券交易所上市公司投资不足现象。其原因可能是，受宏观环境影响，我国上市公司投资过度行为较为严重。而 XBRL 仅作为一种对会计信息系统运行方式的改变，还无法或无法在短时间内改变企业的过度投资状况。

为剔除研究结果中可能存在的样本选择性偏差这一内生性问题，本书采用 Heckman 两阶段法对结果进行稳健性检验。该稳健性测试结果显示，在控制了这一内生性问题后，以上结果依然成立，即 XBRL 技术的应用提高了深圳证券交易所上市公司的投资效率；且相对于投资过度，XBRL 能更好地降低投资不足程度。此外，以上作用均在参加试点的“深证成分股指数”样本公司中体现得更加明显。

第三，XBRL 技术的应用提高了深圳证券交易所上市公司的经营效率。一个企业经营效率的高低，在很大程度上取决于该企业的管理层能否合理地利用企业现有的资源，创造出更多的收益。因此，本书采用深圳证券交易所上市公司 2004 年至 2011 年的数据，选取企业的营运资本周转率为经营效率的代理变量，以在 2004 年至 2008 年之间参加 XBRL 技术试点的“深证成分股指数”样本公司为控制组，其他未参加试点的深圳证券交易所上市公司为测试组，通过多元回归的方法研究 XBRL 技术对深圳证券交易所上市公司经营效率的影响。

本书的回归结果表明，从整体上来说，XBRL 技术的应用提高了深圳证券交易所上市公司的经营效率，且这一作用在参加试点的“深证成分股指数”样本公司中体现得更加明显，即与未参加试点的深圳证券交易所上市公司相比，XBRL 技术更好地提高了试点企业的经营效率。

在 XBRL 技术与经营效率的实证分析中，我们同样采用 Heckman 两阶段法进行稳健性分析，以剔除样本中可能存在的内生性问题。该稳健性测试结果显示，在控制了可能存在的内生性问题后，以上结果依然成立，即 XBRL 技术的应用提高了深圳证券交易所上市公司的经营效率，且这一作用效果在参加试点的“深证成分股指数”样本公司中体现得更加明显。

8.2　政策建议

XBRL 自 2002 年引入我国以后，已走过了十几年的发展路程。根据本书以上的研究可以发现，XBRL 在我国的应用已取得了一定的进展。为进一步推进 XBRL 在我国的应用事业，本书提出了如下几点政策建议：

首先，应进一步加大 XBRL 在我国的宣传力度和推广水平。尽管 XBRL 在我国的引入和应用已十余年，但仍处于推进的起步阶段。许多企业，特别是那些未被证券交易所强制要求采用 XBRL 技术的非上市公司，仍缺乏对 XBRL 的概念、工作方式和作用效果等相关问题的了解和认识。而学术界对 XBRL 相关问题的研究也主要出现在 2006 年以后。因此，应采取相应的措施来加强 XBRL 在我国的宣传力度和推广水平。例如，可通过在企业中开展与 XBRL 有关的宣讲活动来提高企业界对 XBRL 的了解程度；鼓励信息技术行业为 XBRL 在各企业的应用提供技术支持，并定期向企业派遣 XBRL 应用方面的专家，以解决企业在实际操作中遇到的困难；支持与 XBRL 问题有关的课题的申报和立项，以深化对 XBRL 理论体系和实践效果的研究；在高校和其他培训机构开展有关 XBRL 的相关课程，以培养更多通晓 XBRL 知识的人才。

其次，应进一步推进我国 XBRL 财务报告行业扩展分类标准的制定。分类标准是 XBRL 技术的核心组成部分。截至目前，我国仅创建了《石油和天然气行业扩展分类标准》和《企业会计准则通用分类标准银行业扩展分类标准》两个行业的财务报告分类标准。行业扩展分类标准的制定和实施能够为信息链中的各参与者带来相应的好处。具体来说，对于信息提供者，行业扩展分类标准的制定和实施有利于对某一行业特定信息的披露；对于信息使用者，它的应用有助于使用者对同一行业内不同公司的对比和分析；对于监管者，它的应用有助于对同一行业内各个公司的统一监管。因此，在 XBRL 未来的发展过程中，应注重对其行业扩展分类标准的构建。

再次，应努力推进 XBRL 与企业 ERP 系统的对接与合作。XBRL 标准包括 XBRL FR 和 XBRL GL 两部分。其中，XBRL FR(XBRL 财务报告)是利用 XBRL 技术形成财务报告并进行对外披露，反映的是财务报告中各概念及它们之间的相互关系；XBRL GL(XBRL 通用账簿)是对 XBRL FR 的向下延伸，反映的是财务报告各数据来源的明细信息，处于信息供应链中的中低端位置。日本华歌尔公司是首家实现将 XBRL GL 与企业 ERP 系统相融合的集团公司。这一模式的应用，改变了已有华歌尔公司 ERP 系统中各模块“信息孤岛”的困境，实现了各模块的信息共享。同时，XBRL 技术下统一的数据格式，实现了 ERP 系统数据到 XBRL 财务报告的无缝对接，使外部信息使用者可通过 XBRL 财务报告信息直接深入企业各资源管理系统，以更详尽地了解目标企业的状况。因此，我国公司(特别是规模较大的集团公司)也应努力推进 XBRL 技术与企业 ERP 系统的钩稽和合作，以实现更全面的信息集成。

最后，应加快 XBRL 标准下审计规范的构建。尽管 XBRL 技术已在上市公司中得以实际采用，但是一个完整的、全面的、符合 XBRL 技术特点和运行模式的审计体系尚未建立，一些 XBRL 审计过程中可能存在的问题还未能得到合理的解决。虽然国内外研究者也就 XBRL 模式下审计的方式和方法做了不同程度的研究，但现阶段有关 XBRL 的审计还仅仅局限于评估 XBRL 财务报告的数据是否正确地反映了传统 PDF 格式财务报告中的信息，而对 XBRL 原始数据标签、分类标准的创建以及数据在企业内部传递过程的检验还相对缺乏。一套完整的、为大众所公认的审计规范的建立，能够明确 XBRL 审计的目标，以及为达到这一目标所需要经历的步骤和使用的技术；能够规定 XBRL 审计需遵照的标准，以规范审计流程，并方便对不同公司 XBRL 报告质量的评估和对比。同时，由于 XBRL 审计工作仍处于起步阶段，相应的审计软件研发尚不成熟，因此，还应积极鼓励软件行业的研发工作，以为网络财务信息审计提供更好的技术支持和保障。

8.3 研究的局限性

本书的研究主要具有以下几点局限性：

首先，本书仅选择深圳证券交易所为研究对象，而未考虑上海证券交易所应用 XBRL 的经济后果。因此，本书尚不能全面地考察 XBRL 标准在我国的应用效果。

其次，虽然本书采用了不同的指标对融资效率、投资效率和经营效率进行了度量，但是仍无法保证这些指标很好地替代了各经济决策效率。

最后，受 XBRL 应用时间所限，本书仅对深圳证券交易所自 2004 年展开 XBRL 试点工作后八年的应用效果进行了研究。然而，作为一项仍处于推广和发展阶段的新型财务信息生成和报送方式，其作用效果可能无法在应用的初始年限完全体现出来。因此，本书的研究具有一定的片面性，还无法对 XBRL 的作用效果予以更全面的检验。

8.4　研究展望

XBRL 自身的优势，以及其在企业、政府机构和学者中日益增长的知名度，为未来的研究提供了良好的平台。在未来的研究中，我们还可以在如下几个方面进行扩展：

首先，未来的研究可以以上海证券交易所为背景，考察 XBRL 的应用对上海证券交易所上市公司融资效率、投资效率和经营效率的影响，以为该技术的决策导向作用及其在我国资本市场的应用效果提供更全面的经验证据。

其次，如前文所述，我国现有从公司层面出发研究 XBRL 作用效果的文献还相对较少。企业是 XBRL 技术应用的主要对象，特别是我国上海证券交易所和深圳证券交易所均已强制性实施上市公司 XBRL 格式财务报告报送机制。因此，未来的研究可进一步从公司层面出发，对 XBRL 标准的相关问题进行探讨。

最后，本书仅是从企业融资效率、投资效率和经营效率的角度对 XBRL 标准的作用效果和决策导向作用进行了研究。而 XBRL 与盈余管理、XBRL 与内部控制以及 XBRL 与审计成本等许多相关问题还鲜有涉猎。因此，未来的研究可以从以上方面寻找突破。

参考文献

[1]伯杰伦：《XBRL语言精要——21世纪的财务报告》，廉晓红等译，北京，中国人民大学出版社，2004。

[2]财政部会计准则委员会：《会计基本假设与会计目标》，大连，大连出版社，2005。

[3]陈虎：《会计流程再造的集成网络财务系统研究——一种新型的会计信息系统重构》，南京理工大学博士学位论文，2005。

[4]陈敏：《公司治理与投融资效率问题研究》，中南财经政法大学博士学位论文，2006。

[5]程仲鸣、夏新平、余明桂：《政府干预、金字塔结构与地方国有上市公司投资》，《管理世界》，2008(9)。

[6]傅代国、刘永冠、金智：《地方治理、利益侵占与债务成本》，《投资研究》，2012(6)。

[7]高锦萍：《我国XBRL财务报告分类标准的创建模式研究——从IFRS分类到扩展分类》，《山西财经大学学报》，2008(7)。

[8]高锦萍：《XBRL财务报告审计模型及实现机制：一种框架研究》，《审计研究》，2011(3)。

[9]高锦萍、张天西：《XBRL财务报告分类标准评价——基于财务报告分类与公司偏好的报告实务的匹配性研究》，《会计研究》，2006(11)。

[10]郝东洋、张天西：《鼓励政策冲突、稳健会计选择与公司债务成本》，《经济与管理研究》，2011(2)。

[11]何玉、张天西：《自愿实施网络财务报告公司的特征研究》，《会计研

究》，2005(12)。

[12]黄长胤、吴忠生：《自愿性信息披露影响因素实证研究——基于XBRL分类标准视角》，《经济与管理研究》，2011(8)。

[13]黄长胤、张天西：《上市公司自愿性信息披露的行业差异——基于XBRL分类标注的定量化视角》，《证券市场导报》，2011(7)。

[14]姜付秀、伊志宏、苏飞、黄磊：《管理者背景特征与企业过度投资行为》，《管理世界》，2009(1)。

[15]姜付秀、支晓强、张敏：《投资者利益保护与股权融资成本》，《管理世界》，2008(2)。

[16]姜玉泉、丁国勇、施永香：《XBRL对审计的影响及其对策》，《审计与经济研究》，2004(4)。

[17]蒋飞：《IMF工作论文警示中国过度投资风险》，《第一财经日报》，2012-12-03。

[18]蒋琰：《权益成本、债务成本与公司治理：影响差异性研究》，《管理世界》，2009(11)。

[19]Jensen R. E. 、肖泽忠：《论互联网条件下的按需报告模式》，《南开管理评论》，2004(1)。

[20]孔宁宁、张新民、吕娟：《营运资本管理效率对公司盈利能力的影响——基于中国制造业上市公司的经验证据》，《南开管理评论》，2009(6)。

[21]李广子、刘力：《债务融资成本与民营信贷歧视》，《金融研究》，2009(12)。

[22]李青原：《会计信息质量与公司资本配置效率——来自我国上市公司的经验证据》，《南开管理评论》，2009(2)。

[23]李涛，《财会信息运用与决策》，太原，山西经济出版社，1993。

[24]李为：《XBRL——监管的革命》，《证券市场导报》，2009(1)。

[25]李旭红：《国企老总要拿年薪了》，《市场报》，2003-09-12。

[26]李增泉、辛显刚、于旭辉：《金融发展、债务融资约束与金字塔结构》，《管理世界》，2008(1)。

[27]李争争、张天西：《XBRL财务报告分类标准的创建质量评价》，《西安交通大学学报》(社会科学版)，2013(2)。

[28]李争争、张天西、韩宜恒、卓贤林：《行业分类标准有更高的信息质量吗？——基于XBRL财务报告的量化视角》，《证券市场导报》，2013(5)。

[29]林华：《未来财务报告：XBRL数字化网络报告》，《上海经济研究》，2007(3)。

[30]林琳、潘琰：《XBRL鉴证业务理论基础建构》，《当代财经》，2011(8)。

[31]林钟高、章铁生，《会计信息价值论——作为市场决策基础的研究》，大连，东北财经大学出版社，2001。

[32]刘怀义：《营运资本管理政策影响因素实证研究》，《南开经济研究》，2010(3)。

[33]刘芍佳、孙霈、刘乃全：《终极产权论、股权结构及公司绩效》，《经济研究》，2003(4)。

[34]陆正飞、祝继高、孙便霞：《盈余管理、会计信息与银行债务契约》，《管理世界》，2008(3)。

[35]吕志明：《基于XBRL的审计流程再造》，《财经问题研究》，2011(3)。

[36]吕志明：《XBRL财务报告研究》，北京，经济科学出版社，2012。

[37]毛新述、叶康涛、张頔：《上市公司权益资本成本的测度与评价——基于我国证券市场的经验检验》，《会计研究》，2012(11)。

[38]美国会计学会：《基本会计理论》，文硕、王效平、黄世忠译，北京，中国商业出版社，1991。

[39]聂萍、周戴：《基于XBRL环境网络财务报告网页呈现质量实证研究》，《会计研究》，2011(4)。

[40]努里尔·鲁比尼：《中国如何面对过度投资》，《第一财经日报》，2011-04-26。

[41]欧阳凌、欧阳令南、周红霞：《股权制度安排、信息不对称与企业非效率投资行为》，《当代经济科学》，2005(4)。

[42]潘琰、林琳：《公司报告模式再造：基于XBRL与Web服务的柔性报告模式》，《会计研究》，2007(5)。

[43]沈颖玲：《会计全球化的技术视角——利用XBRL构建国际财务报告准则分类体系》，《会计研究》，2004(4)。

[44]沈洪涛、游家兴、刘江宏：《再融资环保核查、环境信息披露与权益资本成本》，《金融研究》，2010(12)。

[45]沈艺峰、肖珉、黄娟娟：《中小投资者法律保护与公司权益资本成

本》，《经济研究》，2005(6)。

[46]孙凡、杨周南：《XBRL 技术体系结构的语言学分析与改进研究》，《会计研究》，2013(7)。

[47]汪平、闫甜：《营运资本、营运资本政策与企业价值研究——基于中国上市公司报告数据的分析》，《经济与管理研究》，2007(3)。

[48]汪炜、蒋高峰：《信息披露、透明度与资本成本》，《经济研究》，2004(7)。

[49]王鸿春、周灿：《有效决策》，北京，企业管理出版社，2006。

[50]王辉：《公司治理评价体系中的利益相关者指标》，《南开管理评论》，2003(3)。

[51]王立彦、曾建光：《国内现行 XBRL 标准的囚徒困境及其解决之道》，《证券市场导报》，2012(12)。

[52]王琳、龚昕：《我国 XBRL 财务报告应用与会计信息质量》，《财经问题研究》，2012(11)。

[53]王喜：《市场竞争、银行信贷与上市公司商业信用》，《财贸研究》，2011(3)。

[54]王霞、张敏、于富生：《管理者过度自信与企业投资行为异化——来自我国证券市场的经验证据》，《南开管理评论》，2008(2)。

[55]王竹泉、逄咏梅、孙建强：《国内外营运资金管理研究的回顾与展望》，《会计研究》，2007(2)。

[56]魏明海、柳建华：《国企分红、治理因素与过度投资》，《管理世界》，2007(4)。

[57]魏志华、王贞洁、吴育辉、李常青：《金融生态环境、审计意见与债务融资成本》，《审计研究》，2012(3)。

[58]吴君民、魏晓卓、丁俊，《会计理论研究》，南京，江苏大学出版社，2011。

[59]吴水澎、叶少琴：《会计学原理》，北京，经济科学出版社，2011。

[60]肖泽忠：《大规模按需报告的公司财务报告模式》，《会计研究》，2000(2)。

[61]辛清泉、林斌、王彦超：《政府控制、经理薪酬与资本投资》，《经济研究》，2007(8)。

[62]徐玉德、李挺伟、洪金明：《制度环境、信息披露质量与银行债务融

资约束》,《财贸经济》, 2011(5)。

[63]许家林:《会计理论发展通论》(中册), 北京, 经济科学出版社, 2010。

[64]薛云奎:《会计大趋势——一种系统分析方法》, 北京, 中国财政经济出版社, 1999。

[65]杨华军、胡奕明:《制度环境与自由现金流的过度投资》,《管理世界》, 2007(9)。

[66]杨周南、朱建国、刘锋、孙凡、赵英吉:《XBRL 分类标准认证的理论基础和方法学体系研究》,《会计研究》, 2010(11)。

[67]叶康涛、陆正飞:《中国上市公司股权融资成本影响因素分析》,《管理世界》, 2004(5)。

[68]应唯、王丁、黄敏、王颖:《XBRL 财务报告分类标准的架构模型研究》,《会计研究》, 2013(8)。

[69]于富生、张敏:《信息披露质量与债务成本——来自中国证券市场的经验证据》,《审计与经济研究》, 2007(5)。

[70]曾颖、陆正飞:《信息披露质量与股权融资成本》,《经济研究》, 2006(2)。

[71]张纯、吕伟:《信息披露、市场关注与融资约束》,《会计研究》, 2007(11)。

[72]张纯、吕伟:《信息披露、信息中介与企业过度投资》,《会计研究》, 2009(1)。

[73]张天西:《网络财务报告: XBRL 标准的理论基础研究》,《会计研究》, 2006(9)。

[74]张天西等:《网络财务报告——论 XBRL 的理论框架及技术》, 上海, 复旦大学出版社, 2006。

[75]张天西、高锦萍:《XBRL 对审计的影响研究》,《当代财经》, 2007(6)。

[76]张天西、薛许军、林进安:《信息技术环境下的财务报告及信息披露研究》,《会计研究》, 2003(3)。

[77]张天西、杨海峰:《网络财务报告改革: 利益相关者的态度研究——基于问卷调查数据的实证分析》, 2004(5)。

[78]赵惠芳、水银银、徐晟:《我国基于 XBRL 语言的网络财务呈报模型

研究》，《安徽大学学报》(哲学社会科学版)，2005(4)。

[79]赵现明、张天西：《基于 XBRL 标准的年报信息含量研究》，《经济与管理研究》，2010(2)。

[80]赵英吉：《我国 XBRL 财务报告分类标准建设相关问题探讨》，《财务与会计(综合版)》，2010(1)。

[81]中华人民共和国财政部：《企业会计准则》，北京，经济科学出版社，2006。

[82]钟海燕、冉茂盛、文守逊：《政府干预、内部人控制与公司投资》，《管理世界》，2010(7)。

[83]朱敬尧：《要重视投资活动中的会计信息》，《投资研究》，1986(12)。

[84]朱钊、李柏：《可扩展商业报告语言的应用对会计、审计的影响》，《中国注册会计师》，2005(3)。

[85]Adler P. S. and Clark K. B., Behind the Learning Curves: A Sketch of the Learning Process, *Management Science*, 37(3), 1991: 267-281.

[86]Akanoh L., Using XBRL for Regulatory Compliance and Increasing Financial Reporting Efficiency, *Perspectives in Business*, 3(1), 2006: 17-23.

[87]Alles M. and Piechocki M., Will XBRL Improve Corporate Governance? A Framework for Enhancing Governance Decision Making Using Interactive Data, *International Journal of Accounting Information Systems*, 13, 2012: 91-108.

[88]Anton H. R., Objectives of Financial Accounting: Review and Analysis, *The Journal of Accountancy*, 141(1), 1976: 40-51.

[89]Argote L., McEvily B., and Reagans R., Managing Knowledge in Organization: An Integrative Framework and Review of Emerging Themes, *Management Science*, 49(4), 2003: 571-582.

[90]Azam S. and Taylor D., Standard Business Reporting in Australia: Voluntary Take-up Issues Facing Users, Preparers and Regulators of Company Financial and Business Reports, *Accountancy Business and the Public Interest*, 10(1), 2011: 16-41.

[91]Bai Z., Sakaue M., and Takeda F., The Impact of XBRL Adoption on the Information Environment Evidence from Japan, working paper, 2012.

[92]Baldwin A. A., Brown C. E., and Trinkle B. S., XBRL: An Impacts

Framework and Research Challenge, *Journal of Emerging Technologies in Accounting*, 3(1), 2006: 97-116.

[93]Baldwin A. A. and Trinkle B. S., The Impact of XBRL: A Delphi Investigation, *The International Journal of Digital Accounting Research*, 11, 2011: 1-24.

[94]Bartley J., Chen A. Y. S., and Taylor E. Z., A Comparison of XBRL Filings to Corporate 10-Ks-Evidence from the Voluntary Filing Program, *Accounting Horizons*, 25(2), 2011: 227-245.

[95]Bertrand M. and Mullainathan S., Enjoying the Quiet Life? Corporate Governance and Managerial Preferences, *Journal of Political Economy*, 111(5), 2003, 1043-1075.

[96]Biddle G. C. and Hilary G., Accounting Quality and Firm-level Capital Investment, *The Accounting Review*, 81(5), 2006: 963-982.

[97]Biddle G. C., Hilary G., and Verdi R. S., How Does Financial Reporting Quality Relate to Investment Efficiency?, *Journal of Accounting and Economics*, 48, 2009: 112-131.

[98]Blankespoor E. A., *The Impact of Investor Information Processing Costs on Firm Disclosure Choice: Evidence from the XBRL Mandate*, Unpublished Ph. D. thesis (C. A. L. S.), University of Michigan, 2012.

[99]Bonson E., The Role of XBRL in Europe, *The International Journal of Digital Accounting Research*, 1(2), 2001: 101-110.

[100]Bonson E., Cortijo V., and Escobar T., A Delphi Investigation to Explain the Voluntary Adoption of XBRL, *The International Journal of Digital Accounting Research*, 9, 2009a: 193-205.

[101]Bonson E., Cortijo V., and Escobar T., Towards the Global Adoption of XBRL Using International Financial Reporting Standards (IFRS), *International Journal of Accounting Information Systems*, 10 (1), 2009b: 46-60.

[102]Boritz J. E. and No W. G., Assurance Reporting for XBRL: XARL (eXtensible Assurance Reporting Language), In S. J. Roohani, eds., *Trust and Data Assurances in Capital Markets: The Role of Technology Solutions*, Smithfield: PricewaterhouseCoopers, 2003: 17-31.

[103]Boritz J. E. and No W. G. , Assurance Reporting for XML-Based Information Services: XARL(Extensible Assurance Reporting Language), *Canadian Accounting Perspectives*, 3(2), 2004: 207-233.

[104]Boritz J. E. and No W. G. , Security in XML-based Financial Reporting Services on the Internet, *Journal of Accounting and Public Policy*, 24, 2005: 11-35.

[105]Boritz J. E. and No W. G. , The SEC's XBRL Voluntary Filing Program on EDGAR: A Case for Quality Assurance, *Current Issues in Auditing*, 2(2), 2008: A36-A50.

[106]Boritz J. E. and No W. G. , Assurance on XBRL-Related Documents: The Case of United Technologies Corporation, *Journal of Information Systems*, 23(2), 2009: 49-78.

[107]Boritz J. E. and No W. G. , Computer-assisted Functions for Auditing XBRL-related Documents, working paper, 2011.

[108]Botosan C. A. and Plumlee M. A. , Assessing Alternative Proxies for the Expected Risk Premium, *The Accounting Review*, 80(1), 2005: 21-53.

[109] Bovee M. , Ettredge M. L. , Srivastava R. P. , and Vasarhelyi M. A. , Does the Year 2000 XBRL Taxonomy Accommodate Current Business Financial-Reporting Practice?, *Journal of Information Systems*, 16(2), 2002: 165-182.

[110]Bovee M. , Kogan A. , Nelson K. , Srivastava R. P. , and Vasarhelyi M. A. , Financial Reporting and Auditing Agent with Net Knowledge (FRAANK) and eXtensible Business Reporting Language (XBRL), *Journal of Information Systems*, 19(1), 2005: 19-41.

[111]Brandas C. , Improving the Decision-making Process and Transparency of Corporate Governance Using XBRL, *World Academy of Science, Engineering and Technology*, 71, 2012: 1621-1623.

[112]Buchanan N. S. , Theory and Practice in Dividend Distribution, *The Quarterly Journal of Economics*, 53(1), 1938: 64-85.

[113]Bushman R. M. and Smith A. J. , Financial Accounting Information and Corporate Governance, *Journal of Accounting and Economics*, 32(1-3), 2001: 237-333.

[114]Callaghan J. and Nehmer R., Financial and Governance Characteristics of Voluntary XBRL Adopters in the US, *International Journal of Disclosure and Governance*, 6(4), 2009: 321-335

[115]CFA(2008), XBRL Survey Report[Online], Available at http://www.cfainstitute.org/Survey/xbrl_survey_report.pdf.

[116]Chen H. M. and Li F. G., Analysis the Impact of XBRL in China's Capital Market Using Methods of Empirical Research, *Research Journal of Applied Sciences, Engineering and Technology*, 5, 2013: 1521-1527.

[117]Choi V., Grant G. H., and Luzi A. D., Insights from the SEC's XBRL Voluntary Filing Program, *CPA Journal*, 78(12), 2008: 69-71.

[118]CICA Information Technology Advisory Committee(2002), Audit & Control Implications of XBRL[Online], Available at http://www.camagazine.com/archives/print-edition/2005/june-july/upfront/news-and-trends/camagazine20133.pdf.

[119]Cohen E. E., Compromise or Customize: XBRL's Paradoxical Power, *Canadian Accounting Perspectives*, 3(2), 2004: 187-206.

[120]Cohen E. E., Lamberton B., and Roohani S., The Implications of Economic Theories for Data Level Assurance: Research Opportunities, In S. J. Roohani eds., *Trust and Data Assurances in Capital Markets: The Role of Technology Solutions*, Smithfield: PricewaterhouseCoopers, 2003: 51-62.

[121]Cohen W. M. and Levinthal D. A., Absorptive Capacity: A New Perspective on Learning and Innovation, *Administrative Science Quarterly*, 35(1), 1990: 128-152.

[122]Conyon M. J. and Murphy K. L., The Prince and The Pauper? CEO Pay in The United States and United Kingdom, *The Economic Journal*, 110(467), 2000: F640-F671.

[123]Cordery C. J., Fowler C. J., and Mustafa K., A Solution Looking for a Problem: Factors Associated with the Non-adoption of XBRL, *Pacific Accounting Review*, 23(1), 2011: 69-88.

[124]Cuneo E. (2002), XBRL: Still A Ways Away From Saving The Day [Online], Available at http://www.informationweek.com/xbrl-still-a-ways-away-from-saving-the-day/d/d-id/1017232 [2002. December 17].

[125]Davidson A., Robinson A., and Malthus S., Survey of Chartered Accountants Shows XBRL Slow to Catch on, *Chartered Accountants Journal*, 85(9), 2006: 68-70.

[126]Davis F. D., User Acceptance of Information Technology: System Characteristics, User Perceptions and Behavioral Impacts, *International Journal of Man-Machine Studies*, 38, 1993: 475-487.

[127]Debreceny R., Chandra A., Cheh J. J., Guithues-Amrhein D., Hannon N. J., Hutchison P. D., Janvrin D., Jones R. A., Lamberton B., Lymer A., Mascha M., Nehmer R., Roohani S., Srivastava R. P., Trabelsi S., Tribunella T., Trites G., and Vasarhelyi A., Financial Reporting in XBRL on the SEC's EDGAR System: A Critique and Evaluation, *Journal of Information Systems*, 19(2), 2005: 191-210.

[128]Debreceny R., Farewell S., Piechocki M., Felden C., and Graning A., Does it Add up? Early Evidence on the Data Quality of XBRL Filings to the SEC, *Journal of Accounting and Public Policy*, 29(3), 2010: 296-306.

[129]Debreceny R. and Gray G. L., The Production and Use of Semantically Rich Accounting Reports on the Internet: XML and XBRL, *International Journal of Accounting Information Systems*, 2, 2001: 47-74.

[130]Deller D., Stubenrath M., and Weber C., A Durvey on the Use of the Internet for Investor Relations in the USA, the UK and Germany, *The European Accounting Review*, 8(2), 1999: 351-364.

[131]Doolin B. and Troshani I., XBRL: A Research Note, *Qualitative Research in Accounting & Management*, 1(2), 2004: 93-104.

[132]Du H. and Roohani S., Meeting Challenges and Expectations of Continuous Auditing in the Context of Independent Audits of Financial Statements, *International Journal of Auditing*, 11(2), 2007: 133-146.

[133]Du H., Vasarhelyi M. A., and Zheng X. C., XBRL Mandate: Thousands of Filing Errors and So What?, *Journal of Information Systems*, 27(1), 2013: 61-78.

[134]Durnev A., Morck R., and Yeung, B., Value-enhancing Capital Budgeting and Firm-specific Stock Return Variation, *The Journal of Finance*, 59(1), 2004: 65-105.

[135]Easton P. D. , PE Ratios, PEG Ratios, and Estimating the Implied Expected Rate of Return on Equity Capital, *The Accounting Review*, 79(1), 2004: 73-95.

[136]Efendi J. , Smith M. , and Wong J. , Longitudinal Analysis of Voluntary Adoption of XBRL on Financial Reporting, *International Journal of Economics and Accounting*, 2(2), 2011: 173-189.

[137]Farewell S. and Pinsker R. , XBRL and Financial Information Assurance Services, *CPA Journal*, 75(5), 2005: 68-69.

[138]Felden C. , Characteristics of XBRL Adoption in Germany, *Journal of Management Control*, 22(2), 2011: 161-186.

[139]Flowerday S. , Blundell A. W. , and Solms R. V. , Continuous Auditing Technologies and Models: A Discussion, *Computers & Security*, 25(5), 2006: 325-331.

[140]Flowerday S. and Solms R. V. , Continuous Auditing: Verifying Information Integrity and Providing Assurances for Financial Reports, *Computers Fraud & Security*, 7, 2005: 12-16.

[141]Ghani E. K. and Jusoff K. , Determinants of Preferred Financial Digital Format by New Zealand Accounting Practitioners, *International Education Studies*, 2(1), 2009: 167-177.

[142]Gunn J. , XBRL: Opportunities and Challenges in Enhancing Financial Reporting and Assurance Processes, *Current Issues in Auditing*, 1, 2007: A36-A43.

[143]Hayashi F. , Tobin's Marginal Q and Average Q: A Neoclassical Interpretation, *Econometrica*, 50(1), 1982: 213-224.

[144]Healy P. M. and Palepu K. G. , Information Asymmetry, Corporate Disclosure, and the Capital Markets: A Review of the Empirical Disclosure Literature, *Journal of Accounting and Economics*, 31, 2001: 405-440.

[145]Henderiksen E. S. and Breda M. F. , *Accounting Theory*, fifth edition, Richard D. Irwin Inc. , 1992.

[146]Henderson D. , Sheetz S. D. , and Trinkle B. S. , Understanding the Intention to Adopt XBRL: An Environmental Perspective, *Journal of Emerging Technologies in Accounting*, 8(1), 2011: 7-30.

[147]Henderson D., Sheetz S. D., and Trinkle B. S., The Determinants of Inter-organizational and Internal In-house Adoption of XBRL: A Structural Equation Model, *International Journal of Accounting Information Systems*, 13, 2012: 109-140.

[148] Higgins L. N. and Harrell H. W., XBRL: Don't Lag Behind the Digital Information Revolution, *The Journal of Corporate Accounting & Finance*, 7(8), 2003: 13-21.

[149]Hodge F. D., Kennedy J. J., and Maines L. A., Does Search-facilitating Technology Improve the Transparency of Financial Reporting?, *The Accounting Review*, 79(3), 2004: 687-703.

[150]Hope O. and Thomas W. B., Managerial Empire Building and Firm Disclosure, *Journal of Accounting Research*, 46(3), 2008: 591-626.

[151]Hunton J., Wright A., and Wright S., The Supply and Demand For Continuous Reporting, In S. J. Roohani eds., *Trust and Data Assurances in Capital Markets: The Role of Technology Solutions*, Smithfield: PricewaterhouseCoopers, 2003: 7-16.

[152]Hwang J. S., Leem C. S., and Moon H. J., A Study on Relationships among Accounting Transparency, Accounting Information Transparency, and XBRL, working paper, 2008.

[153]Ijiri Y., *The Foundations of Accounting Measurement*, California: Prentice-Hall, 1967.

[154]Janvrin D. J. and No W. G., XBRL Implementation: A Field Investigation to Identify Research Opportunities, *Journal of Information Systems*, 26(1), 2012: 169-197.

[155]Janvrin D. J., Pinsker R. E., and Mascha M. F., XBRL-enabled, Spreadsheet, or PDF? Factors Influencing Exclusive User Choice of Reporting Technology, *Journal of Information Systems*, 27(2), 2013: 35-49.

[156]Jensen M. C., Agency Costs of Free Cash Flow, Corporate Finance, and Takeovers, *The American Economic Review*, 76(2), 1986: 323-329.

[157]Jensen M. C. and Meckling W. H., Theory of the Firm: Managerial Behavior, Agency Costs and Ownership Structure, *Journal of Financial Economics*, 3, 1976: 305-360.

[158]Jensen R. E. and Xiao, J. Z., Customized Financial Reporting, Networked Databases, and Distributed File Sharing, *Accounting Horizons*, 15(3), 2001: 209-222.

[159]Johnson O. T., An "Events" Theory of Accounting, *The Accounting Review*, 45(4), 1970.

[160]Jones A. and Willis M., The Challenge of XBRL: Business Reporting for the Investor, *Balance Sheet*, 11(3), 2003: 29-37.

[161]Kim J. W., Lim J. H., and No W. G., The Effect of First Wave Mandatory XBRL Reporting across the Financial Information Environment, *Journal of Information Systems*, 26(1), 2012: 127-153.

[162]Krishnan J., Rama D. V., and Zhang Y. H., Costs to Comply with SOX Section 404, *Auditing: A Journal of Practice and Theory*, 27(1), 2008: 169-186.

[163]Lester W. F., XBRL: The New Language of Corporate Financial Reporting, *Business Communication Quarterly*, 70(2), 2007: 226-231.

[164]Li O. Z., Lin Y. P., and Ni C. K., Does XBRL Adoption Reduce the Cost of Equity Capital?, working paper, 2012.

[165]Li Y., Roge J. N., Rydl L., and Crews M., Information Technology Addresses Transparency: The Potential Effects of XBRL on Financial Disclosure, *Issues in Information Systems*, 7(2), 2006: 241-245.

[166]Li Y., Roge J., Rydl L., and Hughes J., Achieving Sarbanes-Oxley Compliance with XBRL-based ERP and Continuous Auditing, *Issues in Information Systems*, 8(2), 2007: 430-436.

[167]Liu C. H., Wang T. W., and Yao L. J., XBRL's Impact on Analyst Forecast Behavior: An Empirical Study. *Journal of Accounting and Public Policy*, 33(1), 2014: 69-82.

[168]Locke J. and Lowe A., XBRL: An (Open) Source of Enlightenment or Disillusion?, *European Accounting Review*, 16(3), 2007: 585-623.

[169]Loktionov Y., Does Accounting Quality Mitigate Risk Shifting?, working paper, 2009.

[170]Lymer A., Debreceny R., Gray G. L., and Rahman A. (1999), Business Reporting on the Internet [Online], Available at http://www.cs.

trinity. edu/rjensen/Calgary/CD/iasb/busrepw. pdf.

[171] McGuire B. L. , Okesson S. J. , and Watson L. A. , Second-wave Benefits of XBRL, *Strategic Finance*, 88(6), 2006: 43-47.

[172]McNamar R. T. , New Technology Can Help Avoid a Second Enron, *Regulation*, 26(3), 2003: 62-67.

[173] McNichols M. F. and Stubben S. R. , Does Earnings Management Affect Firms' Investment Decisions?, *The Accounting Review*, 83(6), 2008: 1571-1603.

[174]Mednick R. , Our Profession in the Year 2000: A Blueprint of the Future, *Journal of Accountancy*, 8, 1988: 54-58.

[175]Miller R. , XBRL—The Benefits Are Clear, But Challenges Remain, *Accounting Today*, 22(17), 2008: 24-26.

[176]Modigliani F. and Miller M. H. , The Cost of Capital, Corporation Finance and the Theory of Investment, *The American Economic Review*, 48 (3), 1958: 261-297.

[177] Murthy U. S. and Groomer S. M. , A Continuous Auditing Web Services Model for XML-based Accounting Systems, *International Journal of Accounting Information Systems*, 5, 2004: 139-163.

[178]Myers S. C. , Determinants of Corporate Borrowing, *Journal of Financial Economics*, 5(2), 1977: 147-175.

[179]Myers S. C. and Majluf N. S. , Corporate Financing and Investment Decisions When Firms Have Information that Investors Do not Have. NBER working paper, 13, 1984: 187-221.

[180] Narayanan M. P. , Managerial Incentives for Short-term Results, *The Journal of Finance*, 40(5), 1985: 1469-1484.

[181]Naumann J. W. , Tap Into XBRL's Power the Easy Way, *Journal of Accountancy*, 197(5), 2004: 32-39.

[182]Ogundeji M. G. , Oluwakayode E. , and Tijani O. M. , Critical Factors of XBRL Adoption in Nigeria: A Case for Semantic Model-Based Digital Financial Reporting, *Computer Science and Information Technology*, 2(1), 2014: 45-54.

[183]PCAOB(2005), Staff Questions and Answers, Attest Engagements

Regarding XBRL Financial Information Furnished Under The XBRL Voluntary Financial Reporting Program on the EDGAR System[Online], Available at http://pcaobus.org/Standards/QandA/05-25-2005.pdf [2005. May 25].

[184]Pinsker R., XBRL Awareness in Auditing: A Sleeping Giant?, *Managerial Auditing Journal*, 18(9), 2003: 732-736.

[185]Pinsker R., A Theoretical Framework for Examining the Corporate Adoption Decision Involving XBRL as a Continuous Disclosure Reporting Technology, In R. Debreceny, C. Felden, C. and M. Piechocki eds., *New Dimensions of Business Reporting and XBRL*, Germany: Springer, 2007: 73-98.

[186]Pinsker R., An Empirical Examination of Competing Theories to Explain Continuous Disclosure Technology Adoption Intentions Using XBRL as the Example Technology, *The International Journal of Digital Accounting Research*, 8(14), 2008: 81-96.

[187]Pinsker R. and Li S. M., Costs and Benefits of XBRL Adoption: Early Evidence, *Communications of The ACM*, 51(3), 2008: 47-50.

[188]Pinsker R. and Wheeler P., Nonprofessional Investors' Perceptions of the Efficiency and Effectiveness of XBRL-enabled Financial Statement Analysis and of Firms Providing XBRL-formatted Information, *International Journal of Disclosure and Governance*, 6, 2009: 241-261.

[189]Pittman J. A. and Fortin S., Auditor Choice and the Cost of Debt Capital for Newly Public Firms, *Journal of Accounting and Economics*, 37, 2004: 113-136.

[190]Plumlee R. D. and Plumlee M. A., Assurance on XBRL for Financial Reporting, *Accounting Horizons*, 22(3), 2008: 353-368.

[191]Premuroso R. F. and Bhattacharya S., Do Early and Voluntary Filers of Financial Information in XBRL Format Signal Superior Corporate Governance and Operating Performance?, *International Journal of Accounting Information Systems*, 9, 2008: 1-20.

[192]Ragothaman S., Voluntary XBRL Adopters and Firm Characteristics: An Empirical Analysis, *The International Journal of Digital Accounting Research*, 12, 2012: 93-119.

[193]Rezaee Z., Elam R., and Sharbatoghlie A., Continuous Auditing: The Audit of the Future, *Managerial Auditing Journal*, 16(3), 2001: 150-158.

[194]Richardson S., Over-investment of Free Cash Flow, *Review of Accounting Studies*, 11(2-3), 2006: 159-189.

[195]Roohani S. J. and Zheng X. C., Determinants of the Deficiency of XBRL Mandatory Filings, *International Research Journal of Applied Finance*, 4(3), 2013: 502-518.

[196]Rosa F. L. and Caserio C., Are Auditors Interested in XBRL? A Qualitative Survey of Big Auditing Firms in Italy, *Accounting Information Systems for Decision Making*, 8(6), 2013: 13-33.

[197]Schuster P. and O'Connell V., The Trend toward Voluntary Corporate Disclosures, *Management Accounting Quarterly*, 7(2), 2006: 1-9.

[198]Scott W. R., *Financial Accounting Theory*, fifth edition, Pearson Prentice Hall, United States of America, 2009.

[199]SEC(2004), XBRL Voluntary Financial Reporting Program on the EDGAR System [Online], Available at http://www.sec.gov/rules/proposed/33-8496.htm [2003. November 03].

[200]SEC(2009), Interactive Data to Improve Financial Reporting[Online], Available at http://www.sec.gov/rules/final/2009/33-9002.pdf [2009. January 30].

[201]Shin R. Y., XBRL, Financial Reporting, and Auditing, *The CPA Journal*, 73(12), 2003: 61-63.

[202]Sledgianowski D., Fonfeder R., and Slavin N. S., Implementing XBRL Reporting, *The CPA Journal*, 8, 2010: 68-72.

[203]Sorter G. H., An "Events" Approach to Basic Accounting Theory, *The Accounting Review*, 44(1), 1969.

[204]Srivastava R. P. and Kogan A., Assurance on XBRL Instance Document: A Conceptual Framework of Assertions, *International Journal of Accounting Information Systems*, 11, 2010: 261-273.

[205]Srivastava R. P. and Liu Q., Special Issue of JIS on XBRL, *Journal of Information Systems*, 26(1), 2012: 97-101.

[206]Stantial J., ROI on XBRL, *Journal of Accountancy*, 203(6), 2007: 32-35.

[207]Steenkamp L. P. and Nel G. F., The Adoption of XBRL in South Africa: An Empirical Study, *The Electronic Library*, 30(3), 2012: 409-425.

[208]Stergiaki E., Stavropoulos A., and Lalou T., Acceptance and Usage of Extensible Business Reporting Language: An Empirical Review, *Journal of Social Sciences*, 9(1), 2013: 14-21.

[209]Stiglitz J. E. and Weiss A., Credit Rationing in Markets with Imperfect Information, *The American Economic Review*, 71(3), 1981: 393-410.

[210]Strader T. J., XBRL Capabilities and Limitations, *The CPA Journal*, 77(12), 2007: 68-71.

[211]Tan C. and Shon J., XBRL and its Financial Reporting Benefits: Capital Market Evidence, working paper, 2009.

[212]Taylor E. Z. and Dzuranin A. C., Interactive Financial Reporting: An Introduction to eXtensible Business Reporting Language(XBRL), *Issues In Accounting Education*, 25(1), 2010: 71-83.

[213]Troshani I. and Doolin B., Innovation Diffusion: A Stakeholder and Social Network View, *European Journal of Innovation Management*, 10(2), 2007: 176-200.

[214]Troshani I. and Rao S., Drivers and Inhibitors to XBRL Adoption: A Qualitative Approach to Build a Theory in Under-researched Areas, *International Journal of E-Business Research*, 3(4), 2007: 98-111.

[215]Valentinetti D. and Rea M. A., XBRL for Financial Reporting: Evidence on Italian GAAP versus IFRS, *Accounting Perspectives*, 12(3), 2013: 237-259.

[216]Vasarhelyi M. A., Chan D. Y., and Krahel J. P., Consequences of XBRL Standardization on Financial Statement Data, *Journal of Information Systems*, 26(1), 2012: 155-167.

[217]Verdi R. S., Financial Reporting Quality and Investment Efficiency, working paper, 2006.

[218]Wagenhofer A., Economic Consequences of Internet Financial Reporting, *Schmalenbach Business Review*, 55, 2003: 262-279.

[219]Wallace A. , The New Language of Financial Reporting, *Balance Sheet*, 9(2), 2001: 29-32.

[220]Wang Z. K. and Gao S. S. , Are XBRL-based Financial Reports Better than Non-XBRL Reports? A Quality Assessment, *World Academy of Science, Engineering and Technology*, 64, 2012: 513-518.

[221]Weber R. , XML, XBRL, and the Future of Business and Business Reporting, In S. J. Roohani eds. , *Trust and Data Assurances in Capital Markets: The Role of Technology Solutions*, Smithfield: PricewaterhouseCoopers, 2003: 3-6.

[222]Willis M. , Corporate Reporting Enters the Information Age, *Regulation*, 26(3), 2003: 56-60.

[223]Willis M. , XBRL and Data Standardization: Transforming the Way CPAs Work, *Journal of Accountancy*, 199(3), 2005: 80-81.

[224]Willis M. and Hannon N. J. , Combating Everyday Data Problems with XBRL, part 2, *Strategic finance*, 2005, 87 (2): 59-61.

[225]Wright T. P. , Factors Affecting the Costs of Airplanes, *Journal of Aerospace Science*, 3(4), 1936: 122-128.

[226]Wu J. and Vasarhelyi M. , XBRL: A New Tool For Electronic Financial Reporting, In M. Anandarajan, A. Anandarajan, and C. A. Srinivasan eds. , *Business Intelligence Techniques*, Berlin: Springer Berlin Heidelberg, 2004: 73-92.

[227]Yoon H. , Zo H. , and Ciganek A. P. . Does XBRL Adoption Reduce Information Asymmetry?, *Journal of Business Research*, 64, 2011: 157-163.

[228] Zabihollah R. and Turner J. , XBRL-based Financial Reporting: Chanallenges and Opportunities for Government Accountants, *Journal of Government Financial Management*, 51(2), 2002: 6.

[229]Zarathustra(2012), China's Overinvestment: The Problem of Having Too Much[Online], Available at http://www.alsosprachanalyst.com/economy/chinas-overinvestment-the-problem-of-having-too-much.html [2012. September 05].